L'art
et la censure
aujourd'hui

Gareth Harris

L'art et la censure aujourd'hui

Traduit par Jean-François Allain

BeauxArts
Éditions

Titre original : *Censored Art Today*

Publié pour la première fois en 2022 par Lund Humphries
en association avec le Sotheby's Institute of Art.

Note de l'éditeur pour la version française : *L'art et la censure aujourd'hui* est un sujet très lié à l'actualité politique et le lecteur peut donc avoir l'impression que certains sujets n'ont pas été assez abordés, au vu de la situation actuelle. L'ouvrage dans sa version originale fut publié en 2022, actualisé et traduit en français en 2023.

Relecture : **Françoise Mathay**
Direction artistique : **Bernard Borel**
Création graphique : **Amaury de Saint Chamas**

SOMMAIRE

Introduction

Nous sommes entrés dans une nouvelle ère de la répression, qui se traduit par un renforcement de la censure sous ses multiples formes. Dans cette analyse des débats qui font rage autour de la censure et de ce qu'on appelle la *cancel culture* (culture de l'effacement), nous nous concentrerons sur l'identité des censeurs et sur les raisons pour lesquelles des formes d'expression artistique sont réprimées dans le monde. La question de la censure date de plusieurs siècles, mais nous nous limiterons ici au XXIᵉ siècle en analysant – à partir d'études de cas – les raisons pour lesquelles les artistes, les musées et les conservateurs se heurtent à de telles restrictions. Dans une enquête en cinq chapitres, nous nous demanderons pourquoi cette question est devenue si brûlante pour les artistes, et nous nous interrogerons sur les conséquences possibles de cette situation. Des artistes, des musées, des statues historiques peuvent ainsi être « annulés » ou « effacés » en raison d'un débat critique permanent sur leur valeur ou sur la place qui leur revient. Les bouleversements provoqués par la pandémie de COVID-19, l'arrivée au pouvoir, un peu partout dans le monde, de gouvernements populistes anti-intellectuels, les mouvements contre la discrimination et les inégalités (comme Black Lives Matter) bouleversent certains principes considérés comme acquis et remettent en question nos perspectives. Les œuvres du passé et l'art contemporain sont désormais jugés selon des critères totalement différents – et nettement plus politisés –, ce qui nous oblige à nous demander si, dans notre monde polarisé, les œuvres transgressives ne sont pas devenues des pions que l'on avance à des fins de propagande. Comme le soulignent souvent les opposants à la *cancel culture*, la plupart des artistes du XXᵉ siècle – y compris une personnalité majeure comme Pablo Picasso – seraient aujourd'hui, selon les critères modernes, la cible de contestations.

Historiquement, le débat sur la censure dans l'art contemporain est ponctué par quelques moments de bascule. La guerre « culturelle » du dernier demi-siècle connaît un temps fort en 1990, quand le Cincinnati Contemporary Arts Center est poursuivi en justice pour avoir exposé des photographies du *Portfolio X* (1978) de Robert Mapplethorpe, lors de l'exposition « Perfect Moment ». Le musée crée alors l'événement au niveau national en devant affronter des groupes conservateurs décidés à qualifier l'œuvre du photographe de pornographique. Plus tard cette même année, un tribunal juge l'institution et son directeur de l'époque, Dennis Barrie, non coupables d'obscénité. L'âpre polémique publique – retombée de la « guerre culturelle » opposant les conservateurs aux progressistes – porte essentiellement sur la question de savoir si le financement public que dispense le National Endowment for the Arts doit soutenir des expositions comme celle de Mapplethorpe. D'autres exemples de censure artistique restent inscrits dans la mémoire des étudiants en histoire de l'art, comme la détermination de Rudy Giuliani – maire de New York – à faire interdire en 1999 l'exposition « Sensation » au Brooklyn Museum, à New York. S'en prenant au tableau de Chris Ofili, *The Holy Virgin Mary* (1996), Giuliani qualifie l'exposition de « truc de malade », mais la véritable motivation de sa tentative de censure reste floue (selon certains commentateurs, la représentation de la Vierge Marie sous les traits d'une femme noire aurait suffi à déclencher sa colère[1]). Un autre moment décisif se produit en 2017 à la Biennale du Whitney Museum, où un tableau de Dana Schutz représentant un Emmett Till défiguré, allongé dans son cercueil, déclenche un flot de protestations et de commentaires hostiles. Schutz, une artiste blanche, est interpellée pour s'être approprié une image de violence brutale à l'encontre d'un adolescent noir (Till a été lynché en 1955, alors qu'il n'avait que 14 ans). Pour The National Coalition against Censorship, cette œuvre étalait au grand jour tous les débats concernant « la représentation, la race et le traumatisme historique[2] », et posait clairement la question – sans réponse – si les Blancs peuvent éprouver de l'empathie pour ce que vivent les Africains-Américains.

Jock Reynolds, ancien directeur de la Yale University Art Gallery, déclarait en 2016 que « les guerres culturelles ont pratiquement disparu », les perceptions du public ayant évolué à l'ère d'Internet, notamment avec l'accès accru à la pornographie[3]. Mais un an plus tard, l'affaire Schutz déclencha une nouvelle querelle, et, depuis, des changements politiques, culturels et socio-économiques sismiques ont renforcé la répression exercée contre certains artistes et certaines associations, dans le monde réel comme dans le monde virtuel. Les tensions politiques accrues, sur fond de mouvements et d'événements historiques comme l'élection de Donald Trump en novembre 2016, #MeToo et Black Lives Matter, ont provoqué des situations inattendues. Dans ce contexte, nous nous demanderons qui décide des œuvres qui doivent ou non être retirées de la vue du public, et sur quelles bases de telles décisions sont prises. Ces remises en question transforment la grille de perception des professionnels des institutions artistiques et culturelles. Le déboulonnage de statues, comme celle du marchand d'esclaves Edward Colston à Bristol, a mis en lumière un paradoxe : la liberté d'expression est-elle pleinement compatible avec la diversité et l'inclusion ? C'est le dilemme auquel sont confrontés les musées, comme l'a bien montré la controverse suscitée par le report de l'exposition « Philip Guston Now » dans quatre musées, dont la Tate Modern à Londres (voir chapitre 4). Cet épineux problème – liberté d'expression contre questions complexes sur l'inclusion raciale – ne fera que s'aggraver au moment où les institutions tentent de redéfinir leur rôle dans la société contemporaine. Les musées, nous le verrons, sont confrontés aujourd'hui à des pressions sur plusieurs fronts, qu'il s'agisse de la manière dont ils interprètent et présentent des contenus artistiquement difficiles, ou dont ils font face à des exigences extérieures qui risquent de politiser des organisations jusqu'ici fières de leur indépendance. On peut se demander si des institutions culturelles financées sur des fonds publics sont en mesure de relever adéquatement l'ensemble des défis sociétaux qui se posent à elles au XXIe siècle.

La censure a été renforcée en fonction de lignes politiques très polarisées, certains régimes démocratiques et nationalistes (comme le Brésil ou la Turquie) accordant aux groupes conservateurs et religieux une grande puissance de feu pour faire la guerre aux formes d'art qu'ils jugent offensantes. Les premières victimes de cette répression sont les artistes LGBTQ+, qui constituent des exceptions idéologiquement radicales dans un cadre hétéronormatif et au regard des idéaux défendus par les gouvernements en place (voir chapitre 2). « Le nationalisme se développe au détriment de la liberté d'expression », affirme Freemuse – organisation de défense des droits humains basée à Copenhague – dans une étude réalisée en 2020.

Dans certaines parties du monde, selon elle, les politiques identitaires ont remplacé les politiques culturelles[4], comme nous le verrons au chapitre 2. Dans des pays totalitaires comme la Chine et Cuba, la promulgation récente de lois antiterroristes a aggravé la situation pour les artistes. À Hong Kong, une nouvelle loi sur la sécurité nationale a conduit, au début du mois de janvier 2020, à l'arrestation de dizaines de personnalités pro-démocratie, et menace plus que jamais les artistes de cette région semi-autonome. Ce type de répression par des voies prétendument officielles (législation d'État), se retrouve également à Cuba, où des personnalités de premier plan, comme l'artiste Hamlet Lavastida, exilé actuellement en Europe, ont été inquiétées et mises en détention. En 2022, la censure a pris une dimension supplémentaire, certains gouvernements s'étant servis de la pandémie de COVID-19 pour faire taire les voix d'artistes dissidents[5]. Statistiquement, selon le rapport 2021 de Freemuse sur *L'État de la liberté artistique*, 65 artistes ont été détenus, poursuivis ou emprisonnés pour avoir dénoncé la manière dont la pandémie avait été gérée dans leurs pays respectifs[6]. Plus inquiétant encore, la Turquie, utilise ce même prétexte pour intensifier la répression à l'encontre des dissidents et des artistes (voir chapitre 2).

L'expression artistique continue donc d'être entravée, dans la vie réelle comme dans le monde virtuel, et, dans ce domaine, il règne une certaine opacité. Aucune étude approfondie n'explique comment les géants des réseaux sociaux contrôlent véritablement les contenus. Ces mastodontes ont, semble-t-il, mis en place des algorithmes qui censurent les photographies de nu, mais ils disposent aussi de stratégies plus inquiétantes, comme celle du *shadow banning*[7]. La photographe Joanne Leah pose une question cruciale : « Pourquoi une plateforme publicitaire [Instagram/Facebook] est-elle seule à décider de ce qui relève de l'art et de la pornographie, de ce qui est bienséant et de ce qui est obscène[8] ? » Au chapitre 3, nous examinerons le pouvoir démesuré de ces plateformes, et, à partir de témoignages, nous en évaluerons les conséquences sur le profil commercial ou critique des artistes. L'aspect le plus polémique de notre analyse (chapitre 5) porte sur la censure que peut constituer la dépose de statues et de monuments historiques au Royaume-Uni et en Amérique du Nord. Or, la décision de les faire disparaître ou de les recontextualiser – souvent à la suite de débats binaires apparus au XXIe siècle – modifie dans un sens ou dans un autre le récit historique véhiculé par ces œuvres commémoratives.

Leur symbolisme, qui imprègne l'espace public, est à la fois chargé et très problématique, car beaucoup de parties prenantes – gouvernements, collectivités territoriales et autres autorités publiques – estiment devoir intervenir pour préserver une version particulière de l'histoire. Cette situation suscite des débats parfois conflictuels sur ce qu'est l'identité nationale, en particulier au Royaume-Uni où le gouvernement conservateur de l'ancien Premier ministre Boris Johnson s'est engagé à « conserver et expliquer » (*retain and explain*) le patrimoine litigieux.

Andres Serrano est connu pour une photographie intitulée *Piss Christ* (1987), montrant un crucifix immergé dans un pot contenant soi-disant l'urine de l'artiste. Des politiciens conservateurs et des groupes religieux ont dénoncé l'œuvre lors de son exposition au Virginia Museum of Fine Arts en 1989. Serrano a déclaré : « Une nouvelle police de la pensée est apparue. Dans les années 1960, l'ennemi était clair : c'était le gouvernement et l'establishment. On s'est mobilisés contre le statu quo parce qu'il était temps d'adopter de nouvelles lois et de nouvelles façons de voir les choses[9]. » Au XXIe siècle, la censure est effectivement comprise comme une « police de la pensée », qui intervient dans des régions du monde comme Hong Kong et Cuba, où les artistes continuent d'être les cibles des appareils d'État. Mais aujourd'hui, toute analyse de la censure demande de la nuance, car les attaques contre l'art et les artistes prennent des formes multiples. Tout au long de notre évaluation, nous aurons comme fil conducteur de nous demander qui censure qui, et pourquoi. C'est une façon d'élargir le débat, en ce sens qu'elle oblige à décrypter la validité des raisons de vouloir briser l'expression artistique. À l'ère de la technologie, les termes orwelliens ne suffisent plus. Les réseaux sociaux, par exemple, fonctionnent selon les règles que leur imposent les algorithmes et, dans une moindre mesure, les humains. Les musées occidentaux se veulent inclusifs, mais ils risquent d'être pris en défaut s'ils ne répondent pas aux attentes – parfois difficiles à satisfaire – de publics divers et souvent très nombreux. Pour la génération dite *woke* de nos jours, les maux du passé ne sont plus acceptables aujourd'hui, d'où la colère dirigée contre les musées et les galeries modernes. La question du déboulonnage de certaines statues historiques est l'expression la plus « démocratique » de la censure, au sens où le peuple manifeste son pouvoir de la manière la plus extrême possible en renversant des totems du passé. C'est une fin appropriée pour ce livre, qui s'intéresse successivement à la répression des États, imposée d'en haut, à la diabolisation des LGBTQ+, au nouveau royaume virtuel des réseaux sociaux et, enfin, aux interventions directes menées par une population capable, en théorie, de faire tomber des statues.

Pendant ce temps, l'invasion de l'Ukraine fait sentir ses conséquences sur les artistes russes. Sasha Skochilenko, basée à Saint-Pétersbourg, a été condamnée à sept ans d'emprisonnement en colonie pénitentiaire en novembre 2023 pour avoir protesté contre la guerre en Ukraine: elle avait remplacé des étiquettes de prix dans un supermarché par des textes d'information sur le bombardement d'une école d'art et d'un théâtre dans la ville ukrainienne assiégée de Marioupol. La guerre en Ukraine est un prétexte pour écraser toute forme de dissidence, ce que confirme aussi Maria Kuznetsova, porte-parole du groupe de défense des droits humains OVD-info. Il est important de comprendre qu'en Russie le simple fait de protester contre une réalité incontestable est aujourd'hui considéré par l'État comme une atteinte aux fondements mêmes du pouvoir. De ce point de vue, les artistes sont plus que jamais menacés, ajoute-t-elle: «Une pression énorme pèse sur l'ensemble du secteur de la création[10].» Cela étant, il y aurait beaucoup à dire aussi sur d'autres pays, y compris les États-Unis, et même sur certains États européens, mais mon argumentation ne se limite pas à notre univers physique; elle concerne aussi le monde numérique.

Nous montrerons en effet que la censure de l'art est aujourd'hui plus répandue qu'il n'y paraît et, plus insidieuse, en particulier sur les réseaux sociaux. Nous expliquerons comment les artistes et les musées s'autocensurent de plus en plus pour de multiples raisons, qu'il s'agisse par peur des législations autoritaires mises en place dans un territoire comme Hong Kong, de restrictions imposées par les algorithmes sur les réseaux sociaux, ou de mesures explicitement ou implicitement prises par des gouvernements populistes et nationalistes pour contrôler leur population. Intervenir sur ce que le public a le droit ou la possibilité de voir revient à vouloir garder la maîtrise du récit, physiquement ou virtuellement, que ce soit en faisant sortir des monuments de la sphère publique ou en fermant le compte d'un artiste sur une plateforme. Dans une évaluation essentielle et opportune, *L'art et la censure aujourd'hui* cherche à comprendre pourquoi, aujourd'hui, la censure gagne du terrain, qui l'exerce et qui en est la cible.

1

La censure politique en Chine, à Cuba et au Moyen-Orient

Durant des décennies, les artistes vivant sous les régimes communistes de la Chine et de Cuba – et dans beaucoup de pays du Moyen-Orient – ont dû adapter leur mode de vie et leurs pratiques artistiques aux diktats des autorités en place. Aujourd'hui, ces régions du monde – toujours plus autocratiques que démocratiques – continuent de bafouer les droits humains. Dans le contexte d'une nouvelle hiérarchie mondiale où « la Chine espère se positionner comme le principal challenger d'un ordre international dirigé par les États-Unis[1] », toute expression artistique dissidente – en Chine comme à Cuba – ne fait que renforcer la censure et les persécutions. Dans ces limites de plus en plus restreintes, la place des artistes devient particulièrement sensible, voire problématique.

J'ai choisi de me concentrer sur ces régions du monde parce qu'elles ont connu des changements de dirigeants – Xi Jinping en Chine, Miguel Díaz-Canel à Cuba –, qui se sont accompagnés de nouvelles vagues de répression. Nous examinerons donc la situation des artistes et des musées en Chine, à Hong Kong et à Cuba, mais aussi dans le golfe Persique, où le secteur culturel prospère, mais où la volonté d'exercer un *soft power* risque de s'opposer aux valeurs intrinsèquement occidentales dès lors que des artistes entendent remettre en question des idées sociétales et religieuses profondément ancrées. Dans certaines régions du Moyen-Orient, la situation est plus mouvante, car plusieurs États – comme l'Arabie saoudite sous la direction de fait du prince héritier Mohammed Ben Salman – paraissent soucieux de faire de l'*artwashing*, c'est-à-dire d'utiliser l'art pour faire oublier des questions épineuses, notamment relatives aux violations des droits humains.

L'emprise de la Chine sur son secteur culturel semble se resserrer, à l'étranger comme à l'intérieur du pays. Quand le musée M+ de la culture visuelle des XXe et XXIe siècles ouvre ses portes à la pointe sud de la péninsule de Kowloon, à Hong Kong, à la fin de l'année 2021, les propos d'Henry Tang, directeur du district culturel de West Kowloon, suscitent un certain malaise parmi les visiteurs désireux de découvrir une institution artistique de type « blockbuster », en construction depuis 14 ans. « L'ouverture de M+ ne signifie pas que l'expression artistique est au-dessus de la loi. Elle ne l'est pas », déclare Tang à un journaliste du site d'information *Hong Kong Free Press* qui souligna lors d'un point presse que le M+ est déjà « terni » par la censure puisque l'artiste Ai Weiwei ne peut « y être exposé[2] ». Le journaliste s'appuya sur l'info selon laquelle une photographie de l'artiste et activiste chinois faisant un doigt d'honneur sur la place Tiananmen à Pékin (*Study of Perspective, Tiananmen*, 1997), provenant de la collection d'Uli Sigg, ne serait pas exposée dans le nouveau musée[3]. En revanche, des œuvres moins incendiaires du même artiste y seraient présentées. Le musée a donné la réponse suivante : « Environ 1 500 œuvres tirées des collections M+ seront présentées dans les expositions inaugurales, qui ont été programmées il y a trois ans. Les deux œuvres d'Ai Weiwei actuellement exposées – *Whitewash* (1995-2000) et *Chang'an Boulevard* (2004) – sont les seules de l'artiste que l'équipe de conservation avait l'intention d'inclure dans l'accrochage inaugural[4]. » De plus, insiste une porte-parole, comme le musée possède un grand nombre d'œuvres, toutes ne peuvent pas être exposées en même temps…

Tang a néanmoins précisé que toutes les œuvres exposées devraient « se conformer » à la nouvelle loi sur la sécurité nationale, qui, promulguée à la mi-2020 par le gouvernement chinois, criminalise tout acte de subversion, de sécession ou de terrorisme, et prévoit des dispositions pour limiter les protestations et la liberté d'expression, y compris en tenant certains procès à huis clos. Les artistes et les conservateurs de la région semi-autonome se sentent donc plus menacés que jamais : on ignore comment la situation évoluera à terme, mais le monde de l'art se prépare à des mesures plus répressives encore. « Je ne doute pas que le MoMA de New York possède des œuvres qu'il n'exposerait pas aujourd'hui parce qu'elles ne seraient pas politiquement acceptables dans le contexte actuel […]. Il en va de même pour le Centre Pompidou ou la Tate Modern, par exemple, parce que ces œuvres seraient, par exemple, racialement incorrectes… » a déclaré Tang. Selon un journaliste présent lors de l'ouverture du musée M+ et du discours de Henry Tang – qui préfère garder l'anonymat – cette analogie avec un musée occidental est « très surprenante », mais pas vraiment choquante, car « en ce moment, à Hong Kong, il est important de tenir compte du climat politiquement incertain et du patriotisme affiché des autorités[5] ».

Les lignes rouges de Hong Kong et leurs conséquences sur les artistes

L'évolution de la situation nous dira s'il faut voir en M+ un bastion de la liberté ou un simple instrument du gouvernement. Pour l'écrivaine Ilaria

Maria Sala, cette institution de niveau mondial devra respecter des lignes rouges encore assez floues[6]. Selon elle, certaines œuvres outrepassent les limites fixées par l'État, comme *New Beijing* (2001) de Wang Xingwei, où des manchots blessés sont transportés sur un chariot, dans une allusion satirique mordante aux manifestations étudiantes de Tiananmen en 1989[7]. « Leur présence est une déclaration forte de la part du conservateur, mais les explications données étant minimales, le public aura du mal, sans connaissances préalables, à identifier ces références politiques », ajoute Ilaria Maria Sala.

Les problèmes rencontrés par M+ sont symptomatiques de la manière dont la nouvelle loi sur la sécurité nationale pourrait menacer les artistes et les créateurs à Hong Kong. On est bien loin de l'époque – après la cession du territoire à la Chine par le Royaume-Uni en 1997 – où la ville pouvait espérer jouir de libertés occidentales, situation qui avait favorisé la création d'un écosystème d'artistes habitués à exprimer leurs idées sans se restreindre et, surtout, sans craindre de finir en détention. L'artiste Elizabeth Briel, basée à Hong Kong, affirme que toutes les institutions de Hong Kong sont désormais contraintes de respecter ces nouvelles lignes rouges fluctuantes. « Sur le plan régional, on avait espéré que M+ serait une institution à part, au moins jusqu'en 2047, mais depuis la nouvelle loi de sécurité nationale, cet espoir n'est plus pensable, pas dans les mêmes termes en tout cas[8]. » La pierre angulaire de la nouvelle loi – qui inquiète les organisations artistiques et les particuliers – est que Pékin aura toute latitude pour interpréter la loi à sa guise et passer outre les décisions des organes judiciaires ou politiques hongkongais[9].

Dans l'ouvrage collectif *Curating Under Pressure*, Janet Marstine, universitaire et consultante en éthique muséale, rappelle que même si les artistes et les conservateurs de Hong Kong ont traditionnellement bénéficié d'une plus grande liberté d'expression que leurs homologues du continent, ces avantages se sont détériorés à mesure que les autorités chinoises et hongkongaises réprimaient, avec une vigueur croissante, les manifestations en faveur de la démocratie[10]. Un projet de loi sur l'extradition, qui aurait permis d'extrader vers la Chine continentale toute personne soupçonnée d'enfreindre la loi, a été présenté en avril 2019, puis retiré au mois d'octobre, mais il a déclenché une série d'événements qui ont progressivement mis à mal l'idée d'une double gouvernance politique, selon le principe « un pays, deux systèmes ». Bien que contrecarré, ce projet de loi n'en a pas moins déstabilisé les artistes et les conservateurs, qui se sont abstenus de critiquer la Chine par peur de représailles. En 2019, Marstine soulignait que « l'autocensure s'exerçait traditionnellement à Hong Kong sous la pression du secteur commercial ; désormais, elle répond de plus en plus à la crainte d'aller à l'encontre des intérêts politiques et commerciaux de la Chine continentale[11]. » Dans sa description de la situation à Hong Kong entre 2010 et 2019, elle montre que la censure « opère par des moyens cachés ». Les sources de financement ont joué un rôle important, explique l'universitaire Oscar Ho dans *Curating Under Pressure*, du fait de la dépendance excessive des artistes à l'égard du Conseil de développement des arts, en charge de distribuer les subventions[12]. Autrement dit, si vous vous exprimez librement, cela risque de vous coûter cher.

À Hong Kong, le filet de sécurité est plus troué que jamais. Le caricaturiste Justin Wong avance que la principale raison pour laquelle il a fermé le compte Facebook sur lequel il publiait ses œuvres politiques est que la loi sur la sécurité nationale n'est pas claire et qu'il ne sait plus où se trouve la « ligne rouge » : « C'est une grande menace pour moi, car je ne pense pas que le système judiciaire hongkongais puisse encore nous défendre. On peut appeler cela de l'autocensure, mais je suis obligé de me protéger et de protéger ma famille[13]. » L'illustrateur Lau Kwong Shing explique comment il a « réduit » ses œuvres pro-démocratie avant d'aller s'installer à Taïwan[14]. Selon l'organisation de défense des droits humains Freemuse, la législation antiterroriste adoptée en 2020 est souvent invoquée pour empêcher les artistes hongkongais d'exposer leurs œuvres. D'autres voix vont dans le même sens : « La censure artistique à Hong Kong est encore légère et épisodique par rapport à ce que l'on observe sur le continent, mais elle s'exerce plus souvent qu'avant », expliquait en 2019 l'écrivaine Lisa Movius, basée à Shanghai, ajoutant, à l'heure où j'écris ces lignes, que « du fait de l'exacerbation de la situation et de son imprévisibilité, Hong Kong est peut-être plus précaire que le continent, même si les contrôles se sont également renforcés en Chine continentale[15]. »

D'autres, plus optimistes, se demandent si des règles strictes peuvent stimuler la créativité artistique et donner naissance, dans les années à venir, à des œuvres codées, sophistiquées. Marstine montre ainsi comment des artistes, « en Chine et à Hong Kong, ont mis au point un arsenal de stratégies et de tactiques pour résister à la censure et à l'autocensure», notamment par l'utilisation d'un langage codé – sous forme d'euphémismes ingénieux, de mèmes et d'homophones – et éviter ainsi de se faire repérer[16]. L'acte le plus brutal, intervenu à la fin de l'année 2021, a été le démantèlement d'une statue commémorant les manifestants tués sur la place Tiananmen, à Pékin, en 1989. *Le Pilier de la honte*, œuvre du sculpteur danois Jens Galschiøt, avait été érigé en 1997 sur le campus de l'université de Hong Kong. Son déboulonnage a surtout surpris par sa violence et son audace, les ouvriers, selon certains rapports, ont durant la nuit déposé, à l'aide d'une grue, la partie supérieure de la pièce de cuivre, haute de plus de huit mètres[17]. L'Université a expliqué que la décision de déboulonner la statue – qui représentait un amas de corps et de visages déchirés et distendus – reposait sur «un avis juridique externe» invoquant notamment des raisons de sécurité. Cette décision montre en tout cas que le gouvernement de Pékin ne tolérera à Hong Kong ni les actes de dissidence politique ni les défis à l'ordre public, même sous une forme artistique. Quoi qu'il en soit, «cette mesure, prise en vertu de la loi sur la sécurité nationale, est le cas de censure qui nous inquiète le plus à ce jour», déclare Alex Tate de l'organisation Lady Liberty HK, qui voit dans ce geste une première étape du Parti communiste chinois dans la «réécriture de l'histoire[18]». Les institutions artistiques de Hong Kong, ajoute-t-il, vont désormais être placées «sous haute surveillance».

La main autoritaire de la Chine s'étend aussi sur les pays étrangers. En 2021, l'ambassade de Chine en Italie a exigé l'annulation d'une exposition de l'artiste dissident chinois Badiucao, prévue au Museo di Santa Giulia, à Brescia, et financée sur des fonds publics. Selon les autorités chinoises, l'exposition était «un tissu de mensonges contre le peuple chinois». Le maire de Brescia, Emilio del Bono, a répondu dans une lettre ouverte que «la dissidence est un droit [...]. Dans une démocratie, la liberté de pensée et d'expression ne peut être remise en cause[19].» Dans ses œuvres, notamment ses caricatures politiques, Badiucao critique le Parti communiste chinois, «mais il s'attache surtout à la question des droits de l'homme», explique Stefano Karadjov, directeur de la Fondation qui gère le Museo di Santa Giulia[20]. Le programme du musée – qui a exposé en 2020 l'artiste et journaliste kurde Zehra Doğan – est militant dans son ton et dans son esthétique. Pour Karadjov, cet incident a mis en évidence «l'urgence d'aborder les thèmes de la démocratie et de la liberté» dans les musées d'aujourd'hui, et d'adopter une position plus proactive en matière de droits humains. Les artistes dissidents risquent d'être mis à l'index, estime-t-il. « Nous devons nous intéresser à notre époque et utiliser l'art comme moyen de la comprendre. »

À Cuba, une accumulation de décrets

À Cuba, la censure s'est intensifiée avec l'effondrement de l'infrastructure politique du pays. Selon la thèse soutenue par l'artiste Hamlet Lavastida, « Castro était la loi, mais maintenant qu'il est parti, le pouvoir n'a pas de légitimité[21] ». Dans un pays où le système judiciaire n'est pas indépendant de l'État, les artistes sont plus que jamais harcelés (l'ambassade de Cuba à Londres n'a pas répondu à nos demandes sur les restrictions imposées aux artistes). Le régime est sans doute devenu plus totalitaire sous la houlette de Miguel Díaz-Canel, à la fois premier secrétaire du Parti communiste et président depuis avril 2018. Ce nouveau dirigeant – qui, pour la première fois en quarante ans de pouvoir communiste, n'est pas un Castro – s'abrite derrière la législation : or, en vertu du décret 349 – publié en juillet 2018 et mis en œuvre en décembre de l'année suivante –, les artistes, y compris les collectifs, les musiciens et les interprètes, ne peuvent intervenir dans des espaces publics ou privés sans l'aval préalable du ministère de la Culture[22]. Amnesty International note que ce décret pourrait empêcher certains artistes cubains de poursuivre une activité légitime par crainte de représailles. L'organisation de défense des droits humains ajoute que « le décret contient des restrictions vagues et trop larges sur l'expression artistique », ce qui ouvre la voie à une « application arbitraire pour réprimer la dissidence et les voix critiques[23] ». Le gouvernement affirme que le décret n'est pas encore totalement entré en vigueur, mais des artistes dissidents ont déjà – selon l'artiste et écrivain cubano-américain Coco Fusco – été persécutés de multiples manières : interrogatoires à charge, amendes, détentions ou annulations de spectacles, par exemple. Mais un autre texte, le décret 370, qui contrôle les réseaux sociaux et restreint la diffusion d'informations sur l'île, moins médiatisé, a eu un impact tout aussi calamiteux sur la liberté des artistes. Ce texte a été durci à la fin de l'année 2021 avec l'introduction du décret 35 qui renforce ce contrôle.

La révolution culturelle menée par les artistes et les créatifs, qui s'est intensifiée après la mort de Fidel Castro en 2016, a entraîné des mesures de répression particulièrement sévères, mais quelques figures et évolutions émergent néanmoins de cette chronique d'une censure en cours. Le collectif activiste 27N, créé en novembre 2020 lors d'une manifestation devant le ministère de la Culture à La Havane, et des artistes tels Hamlet Lavastida et Luis Manuel Otero Alcántara ont été en première ligne des protestations, qui ont éclaté sur toute l'île en juillet 2021, pour s'insurger contre l'hyperinflation et l'aggravation des inégalités sociales. Les deux hommes ont été victimes de la répression gouvernementale : Lavastida, membre de 27N, a été arrêté en juin 2021 à son retour d'une résidence d'artiste en Allemagne ; en garde à vue, il apprend que les autorités l'inculpent pour « instigation à commettre un délit », pour une idée qu'il avait lancée lors d'une conversation privée, à savoir apposer sur la monnaie cubaine les logos de deux groupes d'activistes. Après trois mois passés à la Villa Marista, le siège de la sécurité d'État, il a été envoyé en exil en Pologne en septembre 2021. Il a déclaré avoir été interrogé sur les motivations de son art, son intérêt pour la politique et l'activisme, et sur les raisons pour lesquelles il entretient des relations avec des personnes basées aux États-Unis, comme Coco Fusco. Parallèlement, en mai 2021, Otero Alcántara, fondateur du mouvement activiste San Isidro, a été détenu et hospitalisé contre son gré par les services de sécurité cubains, huit jours après avoir entamé une grève de la faim pour réclamer la liberté d'expression et la liberté artistique à Cuba. Depuis 2018, il a été placé en détention plus de 50 fois et a été condamné en 2022 à cinq ans de prison ferme.

Lavastida raconte comment les mesures du gouvernement se sont intensifiées, tel un aboutissement de décennies de répression depuis l'arrivée au pouvoir de Castro en 1959. Les artistes ont toujours craint les représailles sous le régime communiste, dit-il, mais 2018 a marqué un tournant quand les autorités ont annoncé le déploiement d'un réseau national 3G généralisant l'accès à l'internet. Pour Lavastida, ce changement capital crée un conflit entre « un gouvernement analogique et une société numérique ». De nombreuses voix réduites au silence depuis des décennies peuvent désormais s'exprimer librement à l'étranger et dans le pays. Pour replacer les événements récents dans leur contexte, Coco Fusco explique que la série de décrets appliqués depuis 2018 « criminalise l'activité de la plupart des personnes qui expriment sur les réseaux une quelconque conscience politique[24] ». Elle souligne que les artistes, dans les années 1990, ont été parmi les premiers Cubains à pouvoir vendre leurs œuvres directement en devises fortes, ce qui leur a permis de voyager et de trouver des marchés à l'étranger.

Grâce à cet accès récent au web mondial, les artistes peuvent partiellement contourner le contrôle gouvernemental et acquérir une certaine liberté : « Le gouvernement est en train de perdre la bataille. Les artistes et les intellectuels passent outre les interdictions », ajoute Fusco. Paradoxalement, la situation remet en cause l'autonomie du pays, qui veut tirer des revenus en devises fortes de l'utilisation d'Internet (qui a explosé depuis 2018), mais en perdant une partie de son contrôle sur le contenu politique. Pourtant, à cause des récents décrets, les artistes qui intègrent des formes d'activisme politique dans leur art courent plus de risques que jamais. Dans l'œil du cyclone depuis une décennie, Lavastida construit une œuvre qui, précisément, déconstruit les images et l'iconographie de la révolution cubaine. Lors de la foire Untitled Art, tenue à Miami à la fin de l'année 2021, il a finalement concrétisé – avec la complicité de Fusco et de Marco A. Castillo, autre artiste cubain – son idée d'apposer sur des billets de banque des messages de soutien à la liberté d'expression à Cuba.

Fiction et réalité au Moyen-Orient

Pendant que certains pays renforcent leur censure, d'autres tentent de donner au monde une tout autre image, plus fallacieuse. Au Moyen-Orient, la question de savoir qui censure l'art, et pourquoi, prend un tour de plus en plus complexe. L'universitaire Serena Iervolino, par exemple, se demande ce que représente l'acquisition et l'exposition d'œuvres d'art contemporain « étrangères » dans un État conservateur et autocrate comme le Qatar, petit État riche en pétrole qui a considérablement renforcé son pouvoir d'influence au cours des deux dernières décennies[25]. Son analyse se concentre sur le débat intense déclenché sur les réseaux sociaux par la présentation dans les musées de Doha, en octobre 2023, de trois œuvres très litigieuses : *Printemps* (2013) et *Coup de tête* (2011-2012), de l'artiste algérien Adel Abdessemed, basé à Paris, et *The Miraculous Journey* (2005-2013), de l'artiste britannique Damien Hirst, une série de quatorze sculptures en bronze représentant un fœtus à différents stades de son développement. *Printemps* avait été présenté lors de l'exposition personnelle d'Abdessemed, « L'âge d'or », inaugurée au Mathaf : Arab Museum of Modern Art, au Qatar, en 2013. Il s'agit d'une projection vidéo montrant une rangée de poulets accrochés à un mur, qui se convulsent tandis que leurs corps sont engloutis par les flammes ; quant à la sculpture *Coup de tête* – qui représente le footballeur français Zinedine Zidane donnant un coup de boule à l'Italien Marco Materazzi lors de la Coupe du monde de football 2006 – elle a été retirée de la Corniche de Doha quelques semaines seulement après avoir été installée (en 2013), et elle n'a plus été exposée depuis. Les sculptures de Hirst, présentées à l'hôpital et centre de recherche Sidra de Doha, ont d'abord été recouvertes après le tollé provoqué sur les réseaux sociaux, mais elles ont finalement été exposées à nouveau en 2018. Globalement, ces trois œuvres ont suscité l'indignation de la faction conservatrice de la société qatarie, explique Iervolino, qui a suivi les réactions sur deux hashtags arabes, où il était reproché à *Coup de tête* d'encourager l'idolâtrie[26]. Il est intéressant de noter que le choix de ces œuvres avait reçu l'aval de la présidente des musées du Qatar, Sheikha Al Mayassa bint Hamad bin Khalifa Al Thani, sœur de l'actuel émir. Selon Iervolino, un gouffre s'est creusé entre l'élite des décideurs culturels, symbolisée par les musées du Qatar, et les Qataris « ordinaires ».

En Arabie saoudite aussi, la réaction de la population compte. Un conservateur basé au Moyen-Orient – qui préfère garder l'anonymat – affirme que le pays progresse rapidement par rapport à ses voisins dans la relation entre conservatisme religieux (ce qui est « autorisé » par la religion) et conservatisme social (ce que la société accepte[27]). Cette évolution est clairement apparue lors d'une récente visite sur le site antique d'AIUIa, dans le nord-ouest du pays, qui illustre un changement de rythme dans les ambitions du pays à se transformer en un acteur culturel majeur dans la région. Dans ces sociétés du Golfe, il existe une dichotomie entre l'image que les gouvernements veulent absolument projeter à l'extérieur, souvent par de puissants exercices de relations publiques, et la réalité d'un système où subsistent de nombreuses barrières internes. Longtemps fermée au monde, l'Arabie saoudite viole les droits humains de ses citoyens en exécutant chaque année des dizaines de personnes[28], mais depuis 2018, les projets artistiques se succèdent dans une campagne de *soft power* agressive menée par l'État. L'aménagement du site d'AlUla va faire l'objet d'un plan directeur d'un montant de 15 milliards de dollars[29], tandis que d'autres mastodontes culturels comme la Biennale de Diriyah relèvent d'une volonté de promouvoir les références culturelles du pays, de diversifier son économie et de donner une image plus « ouverte » du pays, en accord avec le plan Vision 2030 du gouvernement.

Cette croisade de *soft power* n'est pas tout à fait une coïncidence ; elle a pris de l'ampleur après le meurtre de Jamal Khashoggi – journaliste connu pour critiquer le gouvernement saoudien –, au consulat d'Arabie saoudite à Istanbul en octobre 2018. Ce terrible assassinat a fait craindre que les artistes et les intellectuels de cet État notoirement conservateur ne soient pris pour cibles dans le contexte d'une opposition croissante au dirigeant *de facto*, le prince héritier Mohammed Ben Salman. Comme l'écrivait Anna Somers Cocks, autrice et fondatrice de *The Art Newspaper* au moment du meurtre de Khashoggi : « L'Arabie saoudite est aujourd'hui en proie à une grande peur, avec une autocensure plus dure que jamais. Les artistes et penseurs saoudiens devront être d'autant plus prudents. Ils ont toujours dû voiler et coder le sens de leurs œuvres, mais ils ont toujours su aussi exprimer leur désir de liberté, et parler de leur vie et de la jeunesse de leur pays (environ 51 % de la population a moins de 25 ans)[30]. »

La situation post-Khashoggi s'est paradoxalement inversée. Les multiples plateformes artistiques qui ont vu le jour – qu'il s'agisse de biennales ou d'initiatives patrimoniales –, ont permis aux artistes saoudiens d'être beaucoup plus visibles et d'attirer dans le Royaume des personnalités internationales, désireuses de découvrir, entre autres, le riche vivier d'excellentes artistes féminines qui y travaillent. Selon le conservateur cité plus haut, l'Arabie saoudite évolue donc rapidement par rapport aux États voisins ; pour lui, les artistes saoudiens ne sont pas libres, mais ils sont « plus libres ».

Néanmoins, admet-il, certains sujets restent tabous dans de nombreux contextes, mais la question n'est pas tant de savoir si l'on peut tout dire ou tout montrer – ce qui pourrait être source de divisions –, que de pouvoir engager des débats. Les jeunes artistes sont enthousiastes et croient en leur travail, même si tout le monde n'est pas convaincu par l'approche *top-down* adoptée par le gouvernement : « C'est un moyen efficace de faire bouger les choses, mais un écosystème durable a besoin d'une croissance organique, d'initiatives locales et d'un tiers-secteur. Tout ne peut pas évoluer à la vitesse de l'éclair. » Pour autant, « il est essentiel d'adopter une approche très nuancée lorsqu'on parle de censure en Arabie saoudite, pour ne pas placer par inadvertance une personne sous les feux de la rampe, ce qui pourrait menacer ses moyens de subsistance. »

Pour Philip Tinari, commissaire de la Biennale de Diriyah 2021, on pourrait comparer l'émergence de l'Arabie saoudite sur la scène artistique mondiale à la réinvention de la Chine au début des années 1980, et à la nouvelle ère d'ouverture inaugurée par les réformes économiques, sociales et juridiques. À l'époque, l'Occident regardait avec circonspection – et peut-être une certaine incompréhension – l'émergence de cette nouvelle superpuissance. Selon la journaliste Melissa Gronlund, cette analogie, « permet [à Tinari] d'envisager la superposition compliquée de la censure d'État, de l'autocensure et des erreurs d'interprétation qui caractérisent la création artistique dans le climat saoudien[31] ».

En résumé, les pays occidentaux s'efforcent de redéfinir le rôle des musées dans la période post-covid, notamment vis-à-vis des jeunes générations ; les pays dépourvus d'appareil démocratique, comme la Chine et Cuba, censurent sans complexe la production artistique et oppriment les institutions pour consolider leur pouvoir politique ; quant aux pays du Moyen-Orient, ils utilisent l'art et les artistes pour « blanchir » leur image et faire oublier la question des droits humains. Néanmoins, au Qatar et en Arabie saoudite – selon certains témoignages – les programmes culturels reflètent une plus grande ouverture sur le monde, comme le montre une institution comme le Mathaf (avec des expositions consacrées à des artistes importants comme Kader Attia), tandis que, parallèlement, se mettent en place des stratégies culturelles gouvernementales sérieuses qui bénéficieront au public et, accessoirement, créeront des emplois.

Ce n'est pas un hasard si la censure se renforce à Hong Kong et à Cuba au moment même où la population assiste à une ouverture – physique et virtuelle – sur le monde. Les pays non démocratiques cherchent de nouveaux moyens d'étouffer les libertés, par exemple en fixant aux musées des missions politiques, en transformant certaines institutions en « bras armés » des politiques et des objectifs approuvés par l'État (l'exemple du Museo di Santa Giulia de Brescia montre à quel point la Chine est déterminée à contrôler son discours sur le *soft power* au-delà de ses frontières). Parallèlement, la Chine renforce son action à Hong Kong, soit par des actes explicites de censure – le déboulonnage du *Pilier de la honte* – soit, plus indirectement, en promulguant une législation antiterroriste qui menace sérieusement les artistes de la région. La Chine est plus déterminée que jamais à prendre le contrôle de ses institutions et de ses acteurs culturels.

Cuba s'en prend systématiquement et sans vergogne à ses artistes ; à l'heure où j'écris ces lignes, plusieurs d'entre eux sont toujours en détention, victimes de fausses accusations. Luis Manuel Otero Alcántara, arrêté alors qu'il se rendait à une manifestation à La Havane en juillet 2021, n'a toujours pas été jugé. Le Qatar et l'Arabie saoudite, soucieux de s'adresser à un public international, utilisent la culture comme vecteur de croissance économique, bien que la censure demeure un obstacle implicite et permanent. Reste à savoir s'il s'agit d'une pure propagande ou si les artistes y trouveront leur compte. Clairement, les régimes autocratiques cherchent à faire taire l'expression artistique. Ce qui n'empêche pas de se demander comment, de leur côté, les « démocraties illibérales » traitent les professionnels de l'art.

2

La répression des LGBTQ+ : les artistes dans les « démocraties illibérales »

Les démocraties dites « illibérales » ont notamment pour marque de fabrique de s'en prendre à la communauté LGBTQ+. Depuis une vingtaine d'années, une orchestration parfaite de divers facteurs a favorisé le développement de ces régimes qualifiés de démocraties « au potentiel despotique évident[1] ». Le diplomate américain Richard Holbrooke, aujourd'hui décédé, parlait de « gouvernements démocratiquement élus [...] qui ignorent régulièrement les limites constitutionnelles de leurs pouvoirs et privent leurs citoyens de leurs droits fondamentaux[2] », avec les conséquences qui s'ensuivent pour les artistes qui tentent de se frayer un chemin dans des systèmes gangrénés par la corruption et par un mépris fondamental pour les libertés civiles. Nous verrons ainsi comment certains pays ont, depuis une vingtaine d'années, redoublé d'efforts pour museler les voix LGBTQ+, notamment en promulguant des lois draconiennes, et comment l'art et les artistes queer sont devenus des boucs émissaires dans le contexte d'une idéologie d'extrême droite qui gagne du terrain. Sous couvert de défendre des valeurs familiales – en prônant une vision hétéronormative de la société –, les gouvernements cherchent à éradiquer les expressions artistiques et esthétiques qui s'en éloignent. À l'heure où des régimes autoritaires et populistes se mettent en place dans de nombreux pays, les communautés et les artistes queer sont sur leurs gardes. Une censure insidieuse, inspirée par un conservatisme religieux, sévit dans des pays comme le Brésil, la Turquie et la Pologne, où la démocratie est mise à rude épreuve et les groupes minoritaires sont contraints de se protéger.

2017 : un tournant pour les artistes brésiliens

L'historien de l'art et commissaire d'exposition brésilien Gaudêncio Fidelis se souvient douloureusement de ce jour de l'automne 2017 où la banque Santander dénonça dans un communiqué la plus grande exposition d'art queer jamais organisée au Brésil. Le géant bancaire, basé en Espagne, avait pourtant parrainé l'exposition « Queermuseu. Cartografias da Diferença na Arte Brasileira » [Queermuseu : Cartographies de la différence dans l'art brésilien], qui avait ouvert ses portes à l'Institut culturel Santander de Porto Alegre, dans le sud du Brésil, en août 2017. La volte-face de la banque faisait suite à la fermeture de l'exposition un mois avant la date prévue sous la pression de manifestants du Movimento Brasil Livre

[Mouvement Brésil libre], qui accusait l'exposition, et par extension Fidelis, de promouvoir le blasphème, la pédophilie et la bestialité. Dans son communiqué, la banque s'excusait platement auprès de toute personne qui se serait sentie offensée par le contenu de l'exposition : « Nous avons entendu les manifestations et nous comprenons que certaines œuvres exposées au Queermuseu manquent de respect à l'égard de symboles ou de croyances, ce qui ne correspond pas à notre vision du monde. Quand l'art n'est pas capable de générer l'inclusion et une réflexion positive, il perd son objectif principal, qui est d'élever la condition humaine[3]. » Fidelis a été surpris par cette annulation, et, surtout, par le fait que des mécènes se laissent influencer par des considérations d'ordre politique. « L'Institut culturel Santander ne soutient pas un type d'art en particulier, mais l'art dans sa pluralité, fondé sur le profond respect que nous avons pour chaque individu », ajoutait le communiqué de l'Institut culturel de Santander[4]. En d'autres termes, l'art sous toutes ses formes est une bonne chose, mais toutes les œuvres ne sont pas acceptables.

Pour la communauté artistique brésilienne, ce revirement a marqué un tournant dans un pays qui avait vécu, de 1964 à 1985, vingt et une années de dictature militaire. Après la destitution de la présidente de gauche Dilma Rousseff, l'année précédant l'exposition, les mouvements réactionnaires se sont empressés de réagir, et le retour de bâton contre les activités d'avant-garde a été immédiat et inquiétant. L'année 2017 connaît une vague d'attaques fomentées par des groupes politiques conservateurs contre des institutions artistiques accueillant des expositions « progressistes », c'est-à-dire axées sur le genre, la sexualité et la lutte contre le racisme, explique Bernardo Mosqueira, directeur artistique de Solar dos Abacaxis, un espace d'art à Rio de Janeiro. « Dans les familles et les groupes d'amis, on parle encore de cette période terrible[5]. » Cette même année 2017, Antonio Obá a fui le pays et s'est installé à Bruxelles après la diffusion sur les réseaux sociaux, par des factions d'extrême droite, d'une vidéo intitulée *Acts of Transfiguration : Disappearance of a Recipe for a Saint* (2015), dans laquelle l'artiste réduisait en poudre une statuette blanche de la Vierge Marie et appliquait la poudre sur son corps. Traduisant la montée du fondamentalisme, le député de droite Magno Malta a parlé de blasphème. D'une manière générale, les hommes politiques se sont posés en sauveurs moraux de la nation et s'en sont pris aux artistes.

« À partir de 1850 environ, le fondamentalisme est apparu comme une réaction contre le monde moderne et ses valeurs, imprégnant profondément le droit, la science, l'éducation, les arts et toutes les facettes de la vie sociale », explique Gaudêncio Fidelis[6]. Pour les fondamentalistes, ajoute-t-il, la modernité est une force qui sape la tradition religieuse. « Dans le cas du Brésil, le fondamentalisme chrétien, et notamment le pentecôtisme et les mouvements charismatiques, ont poussé les valeurs protestantes à l'extrême au point d'être mêlés aujourd'hui à la politique fasciste. Ils ont occupé le devant de la scène politique après l'élection de Jair Bolsonaro à la présidence, mais ils construisent leur pouvoir depuis le milieu des années 1970 ». Antonio Obá a exposé sa vidéo en 2015 sans provoquer de vagues[7], mais le climat a changé, observe-t-il : cette œuvre est devenue « une sorte de bouc émissaire » et le paysage politique a été déchiré par « des partis aux positions conservatrices [...]. » Cette poussée du conservatisme remonte à 2010, époque où le Plan national brésilien pour les droits humains plaidait pour un renforcement de la protection des femmes et de la communauté LGBTQ+. « Le retour de balancier s'inscrit dans une tendance politique plus large », ont déclaré plus de mille professionnels du monde de l'art dans une lettre ouverte publiée en octobre 2017 : « Ces fondamentalistes arrogants et ignorants », écrivent-ils, « évitent de lire les œuvres de près et se contentent d'y rechercher des signes d'indécence, de légèreté, de pornographie et d'hérésie[8] ».

Parmi les 264 œuvres présentées dans l'exposition organisée par Fidelis au Queermuseu, les mouvements conservateurs avaient habilement sélectionné quatre artistes, qui, chacun à sa manière, suscitait un type de préjugé différent. Ainsi, *Crossing Jesus Christ with the God Shiva* (1996), de Fernando Baril, représentait une figure religieuse hybride dotée de seize bras. Quant à l'artiste Bento Ben Leite, qui s'identifie comme transgenre, il a été accusé de promouvoir la pédophilie dans des tableaux d'enfants intitulées *Queer Child*, sur lesquels sont portées au pochoir des phrases ou des mots comme « travesti » (Leite souligne qu'il est « totalement opposé à la pédophilie[9] » et qu'il cherche plutôt à défendre la position des enfants homosexuels). Une autre œuvre controversée, *Interior Scene II* (1994), d'Adriana Varejão, montre deux adolescents ayant des relations sexuelles avec une chèvre. Enfin, dans *Et Verbum* (2011) d'Antonio Obá, des hosties portent des mots tels que « vulve », « langue » et « trou du cul ». Les hosties n'étaient pas consacrées, précise Gaudêncio Fidelis, et l'œuvre portait sur la transsubstantiation en relation avec le corps noir. Il a certes été très choqué par la déclaration de Santander sur les réseaux sociaux, mais, s'étant ressaisi, il a élaboré un « récit » pour contrer les accusations. « Je ne battrai pas en retraite », affirme-t-il. Ayant donc décidé de contre-attaquer sans relâche, il s'est adressé à la presse chaque fois qu'il le pouvait au sujet de l'incident du Queermuseu, donnant ainsi plus de 300 interviews en un an. L'artiste non-binaire Cibelle Cavalli Bastos a été moins surprise par la réaction, estimant que le Brésil se trouve dans une spirale descendante de conservatisme d'extrême droite. « Chaque jour qui passe, explique-t-elle, les personnes LGBTQ+ sont de plus en plus menacées, et en particulier celles qui sont marginalisées et racisées[10]. »

La situation s'est aggravée avec les mesures prises par le président Jair Bolsonaro, qui, dès le deuxième jour de son mandat en 2019, a subordonné le ministère de la Culture à celui de la Citoyenneté, lui retirant ainsi une grande partie de sa légitimité au niveau national. Pour Fidelis, la censure insidieuse a créé au Brésil une ambiance qui rendait beaucoup plus difficile l'organisation d'expositions sur le genre et la sexualité, et qui étouffe de fait la voix de la communauté LGBTQ+. En ce sens, les attaques contre le Queermuseu ont alimenté chez les groupes minoritaires un sentiment d'hostilité larvé, mais assez bien enraciné dans la société patriarcale brésilienne. Les artistes étaient – et demeurent – une cible facile pour les chrétiens évangéliques (pentecôtistes et néo-pentecôtistes) qui forment encore le socle de la société brésilienne. Mais les tactiques de la droite sont surnoises : elles consistent notamment à lancer des campagnes « silencieuses » sur les réseaux sociaux pour diffamer certains pans de la communauté artistique du pays[11]. Ce choc des idéologies conduit Marcia Tiburi, professeure invitée à l'Université Paris-8, à se poser la question de la fonction sociale de l'art. « Pour le Mouvement Brésil libre, explique-t-elle, il est évident que l'art existe pour renforcer les normes sociales relatives à la sexualité humaine[12]. »

Avec l'enracinement du nationalisme sur tous les continents, les artistes LGBTQ+ continueront d'être la cible de groupes religieux et conservateurs. « La répression des LGBTQ+ a été portée au niveau de l'État avec la croissance du nationalisme – y compris religieux – et les factions d'extrême droite, comme on le voit au Brésil, en Russie, en Inde et en Hongrie », déclare l'organisation de défense des droits humains Freemuse, basée à Copenhague[13]. Certains chiffres donnent à réfléchir : sur 133 artistes détenus en 2020 dans vingt-six pays, dont Cuba et la Russie, l'orientation LGBTQ+ a été le motif de détention dans 10 %[14]. La Russie a des antécédents inquiétants ; les artistes y sont régulièrement condamnés à des amendes ou détenus en vertu de la fameuse loi sur la « propagande gay » adoptée en 2013 (Ioulia Tsvetkova, artiste et militante LGBTQ+, s'exposait à six ans de prison pour avoir mis en ligne des dessins interprétés comme étant pornographiques, mais elle a été acquittée définitivement en novembre 2022). Dans son rapport de 2020 intitulé « Painting the Rainbow » [Peindre l'arc-en-ciel], Freemuse établit des parallèles entre les régimes conservateurs du Brésil de Bolsonaro et la Turquie, visiblement déterminés à étouffer toute activité LGBTQ+[15]. Le point de vue de l'artiste brésilien Victor Leguy sur l'émergence de l'autoritarisme au Brésil et en Turquie est éclairant. Selon lui, les périodes de crise sont propices aux prises de pouvoir autoritaires et à la mise en orbite de certains candidats politiques ; de plus, la pandémie de COVID-19 a favorisé les flux illicites de capitaux, d'influence, de pouvoir et d'informations[16]. La censure s'est installée dans les deux pays, souligne-t-il, « et les conditions sont réunies pour qu'elle prospère et évolue vers sa version 2.0 ou 3.0 ».

La situation a quelque peu évolué au Brésil depuis la défaite de Jair Bolsonaro à la fin de l'année 2022. Selon la journaliste new-yorkaise Gabriella Angeleti, le secteur culturel brésilien renaît sous l'administration du président nouvellement élu, Luiz Inácio Lula da Silva, familièrement connue sous le nom de Lula[17]. Elle évoque notamment quelques-uns des changements intervenus depuis que le nouveau président a prêté serment en janvier 2023 : rétablissement du ministère de la Culture, annulation des décrets réduisant le financement des projets éligibles à la loi Rouanet (une incitation fiscale pour financer des programmes culturels). « Déjà, le choix de certains ministres a marqué un changement de paradigme », déclare l'artiste Victor Leguy, faisant référence à la nomination au poste de ministre de la Culture de l'ex-chanteuse afro-brésilienne Margareth Menezes.

Les artistes ont largement salué le nouveau régime. Le démantèlement du ministère de la Culture et la réduction des politiques publiques avaient appauvri l'offre culturelle et favorisé l'emprise du marché sur l'ensemble du secteur. Pour l'artiste Marcelo Amorim, basé à São Paulo, « il est indispensable de rétablir un soutien gouvernemental qui favorise l'existence d'un circuit artistique indépendant, disposant de ressources propres et fonctionnant en toute liberté. Insidieusement, le gouvernement précédent avait réduit au silence les artistes les plus provocateurs. Or, rares aujourd'hui sont les artistes qui représentent les groupes marginalisés, ou s'ils le font, c'est seulement symboliquement[18]. »

Tout le monde n'est pas aussi optimiste. Pour Gaudêncio Fidelis, mentionné plus haut pour son exposition au Queermuseu, les forces conservatrices restent actives dans le pays et il ajoute ceci : « N'oublions pas que Lula a gagné avec une marge infime et qu'il n'a pas la majorité au Congrès ni au Sénat. De plus, la plupart des États et des municipalités du pays sont dirigés par la droite, voire l'extrême droite. »

L'autocensure comme moyen de survie

Les artistes et responsables de musées brésiliens et turcs ont imaginé différentes stratégies pour survivre à cette version 2.0 de la censure. La persécution des communautés LGBTQ+ s'inscrit dans le contexte d'une Turquie qui, à l'instar de Cuba et de la Chine, a muté dans le sillage de la pandémie. En juillet 2020, l'organisation de la société civile égyptienne Maât avertissait déjà l'UNESCO que « les autorités turques poursuivent leur campagne systématique et arbitraire contre le peuple turc, et répriment les libertés et les droits fondamentaux en invoquant la loi antiterroriste adoptée en 2018 après deux années d'état d'urgence à la suite de la tentative de coup d'État de juillet 2016[19]. » L'autocensure revient en force. « Pour certains artistes, c'est un moyen de se protéger dans ce jeu, même si c'est de manière indirecte », affirme Leguy. Antonio Obá a quitté le Brésil de Bolsonaro, d'autres sont restés mais ont dû faire face à des menaces de mort et à des actes d'intimidation. En Turquie, les artistes se sont gardés de critiquer le président Recep Tayyip Erdoğan alors que les milieux artistiques continuent de subir une atteinte à leurs libertés, notamment après la tentative de coup d'État ratée de 2016. Mais tout le monde n'a pas peur d'exprimer ses inquiétudes. Ömer Koç, directeur de la fondation Vehbi Koç responsable du musée d'art contemporain Arter à Istanbul, insiste sur le fait que « l'art non censuré est indispensable dans une vraie démocratie[20] ». Lors du lancement d'Arter en 2019, il était clair que les artistes turcs semblaient fatigués d'aborder des sujets politiques, mais beaucoup ont reconnu qu'ils « autocorrigeaient » leurs œuvres, parfois consciemment, parfois inconsciemment.

Le commissaire d'exposition berlinois Alper Turan a trouvé un moyen original de contourner la censure de l'État dans son exposition « A Finger for an Eye », organisée en 2021 au Poşe, à Istanbul. Montée par l'association multidisciplinaire ProtoCinema, cette exposition se proposait d'explorer les « positions, gestes, formes et images queer tactiquement évasifs, impossibles à cibler, censurer ou décrypter ». Au cours d'un échange Zoom, Turan a expliqué que son idée était de demander à tous les artistes invités – Baha Görkem Yalım, Cansu Yıldıran, Dorian Sarı et le Istanbul Queer Art Collective (Tuna Erdem et Seda Ergul) – de s'autocensurer dans une forme de subversion audacieuse. Ainsi, les couleurs de l'arc-en-ciel ont été effacées, ce qui réduisait – en apparence du moins – toute forme d'expression queer. C'est « mettre l'éléphant sur un piédestal », estime Turan, pour présenter un art expérimental qui n'est pas ouvertement queer[21]. L'œuvre de Dorian Sarı, *Untitled, (you, me, inside, outside)* (2020), comprenait une ceinture accrochée à un mur, bouclée comme si elle était portée par un torse invisible. Proposant plusieurs interprétations possibles, l'artiste explique notamment comment cet accessoire en cuir, dans son indifférence avachie, représente l'indolence des régimes occidentaux. Depuis quelques années, explique-t-il, la politique LGBTQ+ de l'État turc est passée d'une indifférence passive à une attaque active : « Les drapeaux et les couleurs arc-en-ciel sont censurés, interdits. » La voix des homosexuels se fait donc plus forte que jamais, mais de manière plus subtile, en pratiquant ironiquement l'autocensure de la manière la plus subversive qui soit.

Article 216 – La loi turque contre le blasphème

Le président turc Erdoğan réprime depuis longtemps les artistes et les journalistes par le biais d'une nébuleuse de lois antiterroristes remontant à 1991[22]. L'anthropologue Banu Karaca, cofondatrice de Siyah Bant – une plateforme de recherche dédiée à la documentation de la censure dans le secteur artistique turc –, a déclaré à Pen America (organisation de défense des droits de l'homme et de la liberté d'expression) que, depuis 2015, « tout semblait dépendre de plus en plus de la très vague législation turque sur le terrorisme », ce qui rendait le travail dans les sphères culturelles et des droits humains « extrêmement difficile[23] ». En outre, la récente pandémie a permis d'intensifier la répression sous l'apparence d'une législation visant à faire face à la crise sanitaire.

Le groupe de plaidoyer Susma Platformu (« Speak Up »), basé à Istanbul, entend dénoncer la censure – et l'autocensure – et lutter « par des recours juridiques contre la censure imposée par la loi[24] ». Selon son manifeste, les artistes en Turquie sont souvent « dans la ligne de mire » pour leurs opinions personnelles[25]. En outre, dans les régions kurdes, toute manifestation est interdite depuis de nombreuses années, car considérée comme « provocation terroriste ». La marche des fiertés d'Istanbul a été interdite cinq années de suite jusqu'en 2019 (le COVID-19 a entraîné sa suppression en 2020, mais l'événement a fait un retour symbolique en 2021). La stratégie du parti au pouvoir en Turquie consiste à soumettre la population à l'aide d'une profusion de lois ancrées dans le Code pénal de 2004. Le Parti de la justice et du développement d'Erdoğan était au pouvoir depuis un peu plus de deux ans quand ce Code a été introduit, soi-disant pour rapprocher le pays des normes de l'Union européenne en préparation de son adhésion, dont il était question à l'époque[26].

Au début de 2021, les autorités ont utilisé l'article 216 du Code pénal turc contre des étudiants en art qui avaient participé à des manifestations à l'université Boğaziçi. Selon Pen America, c'était une criminalisation *de facto* de leur travail[27]. Centrée sur l'une des écoles les plus prestigieuses du pays, l'affaire est devenue un indicateur du traitement réservé par Erdoğan aux minorités LGBTQ+. Dans le cadre d'un appel ouvert à organiser une exposition en plein air, un collectif d'étudiants – BOUN Sanat Direnişi – a soumis une œuvre anonyme représentant des symboles arc-en-ciel LGBTQ+ à côté de la Kaaba à La Mecque, le site le plus sacré de l'islam. Dans un geste particulièrement provocateur, une image de Shahmaran – une créature mythologique du Moyen-Orient, mi-femme, mi-serpent – avait été posée sur la Kaaba[28]. Le 29 janvier 2021, sept étudiants ont été placés en garde à vue pour « incitation à la haine et à l'inimitié ». Dans un message sur Twitter, le collectif d'étudiants a expliqué qu'il avait programmé l'exposition pour qu'elle coïncide avec les manifestations de masse organisées sur le campus en protestation contre la nomination du nouveau recteur de l'université, Melih Bulu.

Selon le collectif, l'article 216 n'est pas applicable aux actions incriminées, et l'affaire est devant la justice. Quoi qu'il en soit, la saga Boğaziçi reflète la manière dont le parti au pouvoir peut, sous couvert d'une démocratie apparemment fonctionnelle – les relations consensuelles entre personnes de même sexe sont légales en Turquie depuis 1858 –, instrumentaliser le sentiment antireligieux et utiliser l'article 216 pour réprimer les minorités LGBTQ+. En outre, les restrictions imposées par le COVID-19 ont offert au gouvernement une excuse suffisante pour interdire les manifestations et les rassemblements, explique l'avocate Feyzi Erçin, qui enseignait les études cinématographiques à l'université.

Conserver le conservatisme

La protection de la religion n'est qu'un des nombreux leviers utilisés par les gouvernements du Brésil, de la Turquie et de la Pologne du PiS (parti nationaliste « droit et justice », sorti perdant des élections d'octobre 2023) pour réprimer les communautés LGBTQ+. Selon l'organisation de défense des droits humains Freemuse, les autorités religieuses sont de plus en plus agissantes, même dans les pays où l'homosexualité est légale. Comme nous l'avons vu plus haut, les chrétiens évangéliques du Mouvement Brésil libre ont soutenu le président Bolsonaro. Quant au président Erdoğan, il a adopté une stratégie bien rodée en accusant les étudiants dissidents de Boğaziçi de manquer de respect envers l'islam, selon une tactique de dénigrement qui, dans le passé, a bien fonctionné auprès de la base conservatrice de l'AKP (le parti d'Erdoğan), explique la journaliste Clare Busch. « Mais cette fois », ajoute-t-elle, « les critiques émanant de l'AKP n'ont pas réussi à convaincre les étudiants religieux de se retourner contre leurs camarades manifestants[29]. » Le gouvernement de droite en Pologne (Droit et Justice, PiS) jetait également l'anathème sur quiconque osait s'en prendre aux icônes religieuses. En mai 2019, la militante LGBTQ+ Elżbieta Podleśna a placé autour de la ville de Płock, dans le centre de la Pologne, des images de la Vierge Marie – l'icône de la Vierge noire « Notre-Dame de Czestochowa » – ornées d'un halo arc-en-ciel. Podleśna et deux autres militants ont collé ces affiches après avoir vu, dans l'église Saint-Dominique, un affichage décrivant les « LGBT » et le « genre » (terme polonais désignant l'idéologie du genre) comme des péchés. En vertu de l'article 196 du Code pénal polonais, toute personne qui « offense les sentiments religieux d'autrui en insultant publiquement un objet religieux ou un lieu de culte » risque jusqu'à deux ans de prison. En juin 2020, les trois personnes ont été officiellement inculpées devant le tribunal régional de Płock en vertu de la loi susmentionnée pour avoir insulté publiquement un objet de culte. L'artiste a été placé en détention, ce qui a incité Joachim Brudziński, membre du parti Droit et Justice au pouvoir, à tweeter : « Aucun fantasme sur la liberté et la tolérance ne donne à quiconque le droit d'offenser les sentiments des croyants[30]. » Comme dans d'autres régimes quasi-autoritaires, la censure prenait en Pologne de nouvelles formes, étranges et peu familières. « Perpétuer l'idée que l'égalité des sexes et les droits des LGBT menacent la société polonaise ne protège personne ; cela ne fait qu'alimenter l'intolérance, l'homophobie et la misogynie », déclare Hillary Margolis, chercheuse à Human Rights Watch[31].

En transition vers la démocratie depuis la chute du communisme en 1989, la Pologne reste un pays profondément conservateur, à l'ombre de l'Église catholique. Les points de vue de la droite, représentés grossièrement par le PiS, et ceux de la gauche, représentés par la Plate-forme civique (PO), ne diffèrent guère, affirme Michał Grzegorzek, conservateur au Centre d'art contemporain du château Ujazdowski à Varsovie[32]. Les « effacements » perpétrés par la censure aujourd'hui sont les dernières phases d'un arc de répression historique, qui remonte à l'artiste Dorota Nieznalska, poursuivie pour blasphème pour avoir placé l'image d'un pénis sur un crucifix en 2002 (*Pasja/Passion*, 2001). Après une longue série de procès, elle a finalement été déclarée non coupable de tous les chefs d'accusation en 2010. La diabolisation des voix LGBTQ+ a atteint un tournant dangereux en Pologne quand le gouvernement et l'Église catholique ont, selon Human Rights Watch, considéré la promotion de l'égalité comme une « idéologie de genre », diabolisée en tant qu'incitation à l'homosexualité[33]. Selon Podleśna, cette saga juridique a mis au jour de manière flagrante la stratégie du gouvernement polonais (du temps du PiS), qui utilisait la loi comme une arme contre les personnes LGBTQ+, et, comme elle l'expliquait sur une chaîne de télévision allemande, « ce régime repose entièrement sur la recherche d'un bouc émissaire [...]. L'Église a une position importante dans la société. Elle doit veiller à ne pas propager un discours de haine[34]. » Jouer la carte des « valeurs familiales » – en promettant de protéger les Polonais de « l'idéologie

LGBTQ+ » – a été une des stratégies adoptées par le PiS lors des élections générales de 2020. « Chaque fois que le discours sur les boucs émissaires commence à s'essouffler, le gouvernement se concentrait sur les idéologies de genre », ajoute Grzegorzek. Le président Andrzej Duda et les médias d'État ont cherché à qualifier les droits des LGBTQ+ d'idéologie « pire que le communisme », et proposé une nouvelle « charte de la famille » qui bloquerait toute législation autorisant les couples homosexuels à se marier ou à adopter des enfants.

La manière dont l'autocensure s'est déployée lors d'un festival de photographie à Cracovie, au début de l'année 2021, fait figure de parabole pour notre époque. Dans une exposition intitulée « La Gravité de la situation », la photographe Agnieszka Rayss présentait des images de Krzysztof Powierża brandissant des pancartes contre l'avortement lors des manifestations nationales de la Grève des femmes un an plus tôt. Une fois l'exposition accrochée à la Cricothèque (Centre de documentation sur l'art de Tadeusz Kantor) – une institution nationale publique –, la direction a jugé le travail de Powierża « politiquement polémique » et a décidé que les œuvres ne pouvaient pas être exposées, a déclaré Rayss. Dans ce maelström politique, les artistes qui abordent des questions LGBTQ+ peuvent s'attendre à avoir des problèmes, ajoute-t-elle[35]. « La Gravité de la situation » est un parfait exemple d'autocensure, estime-t-elle. Aldona Mikulska, responsable des événements à la Cricothèque, explique que l'exposition des œuvres de Powierża pourrait être interprétée comme une prise de position claire de l'institution sur des questions idéologiques et politiques sensibles[36].

Le rôle de l'autocensure dans le récit sur la liberté d'expression en Pologne est très important. Pour Grzegorzek, l'absence d'art queer dans les institutions polonaises – une longue histoire – s'explique effectivement par l'autocensure, par la volonté de « ne pas vouloir se faire remarquer », et surtout, par l'homophobie et la transphobie systémiques et profondément enracinées dans la mentalité polonaise. Grzegorzek a adopté d'autres stratégies d'adaptation. Dans l'exposition « Le Pouvoir des secrets », qui a ouvert ses portes en novembre 2019 au château Ujazdowski, il interrogeait la « mémoire queer » à travers la pratique de l'artiste contemporain et militant Karol Radziszewski. L'événement avait été précédé de travaux préparatoires visant à prévenir les attaques potentielles contre l'exposition, mais aussi les éventuelles violences ou poursuites judiciaires contre l'artiste. En Pologne, la classe politique a fait du statut des LGBTQ+ un ennemi commun. Le président Andrzej Duda, allié du parti nationaliste PiS au pouvoir, a délivré un message incendiaire avant les élections de juin 2020, considérant que les écoles ne devraient pas dispenser de cours sur les droits des LGBTQ+. À Brzeg, ville du sud-ouest du pays, il a déclaré devant ses partisans que la génération de ses parents n'avait pas rejeté le communisme pour accepter ensuite une « idéologie encore plus destructrice pour l'être humain[37] ».

La censure est en nette progression dans les systèmes de valeurs défendus par des pays comme le Brésil ou la Turquie, par exemple, notamment quand le régime assujettit les populations par des voies idéologiques fondées sur le conservatisme religieux. À cela s'est ajoutée, ces dernières années, la répression mise en place au nom de la pandémie de COVID-19. Enfin, il est préoccupant de constater que les régimes nationalistes masquent la répression en invoquant des concepts tels que l'idéologie du genre, dans une volonté de convaincre la population que l'art radical exerce une influence pernicieuse, au point d'en faire parfois le nouvel ennemi commun. Les démocraties illibérales cherchent à faire feu de tout bois. En ce sens, la pandémie de COVID-19 est devenue un accessoire utile pour des gouvernements de droite populistes prônant des politiques fondamentalistes, et la communauté LGBTQ+ a été une cible commode.

3

La police des algorithmes

Pendant que des dirigeants autocrates contrôlent ouvertement les activités des artistes, un autre type de censure – plus complexe et plus insidieuse – se déploie sur les réseaux sociaux. Une censure faite d'algorithmes extrêmement puissants qui décident si des images peuvent être diffusées en ligne en fonction d'un ensemble de paramètres apparemment impénétrables. De nombreux artistes trouvent cette situation à la fois frustrante et troublante : pourquoi le téton féminin est-il interdit, par exemple ? Pourquoi des artistes sont-ils exclus pour avoir montré des personnes nues, alors que certains réseaux sociaux tolèrent des peintures de nus ? Pourquoi le *shadow banning* – le bannissement caché – est-il, dans sa duplicité même, un tel problème pour les artistes ?

Nous nous intéresserons ici à l'étendue de la censure sur les réseaux sociaux et nous nous demanderons pourquoi elle est si perturbante pour les artistes qui veulent se faire une place dans ce contexte. Un point de départ opportun pour cette enquête est une voluptueuse figurine de onze centimètres de haut exposant ses atouts, qui, en décembre 2017, a lancé la question de la censure sur les réseaux sociaux. L'œuvre incriminée était la *Vénus de Willendorf* – une statuette vieille de 30 000 ans, exposée au musée d'histoire naturelle de Vienne et reproduite dans d'innombrables publications depuis sa découverte en 1908 –, interdite par Facebook (aujourd'hui Meta) au motif que la figurine nue était « dangereusement pornographique ». Cette décision étrange, qui remettait en question, de la manière la plus puritaine qui soit, des milliers d'années d'histoire, illustre le piège que représente la présentation d'œuvres en ligne.

Depuis une dizaine d'années, des institutions publiques et des artistes se sont ainsi retrouvés dans le collimateur des géants du numérique, apparemment incapables de faire la différence entre l'art et la pornographie. Le nœud du problème est que Instagram, et sa maison mère Facebook, interdisent les représentations photographiques du corps nu. C'est un prix élevé à payer pour les artistes, dont beaucoup dépendent de ces espaces virtuels pour consolider leur profil critique et commercial. Le problème n'est pas nouveau. En avril 2017, des photographies de nus abstraits – datant des années 1920 – de la photographe américaine Imogen Cunningham, présentées lors d'une exposition au Museum of Fine Arts de Boston, ont été retirées de l'application de partage d'images. En 2018, Instagram a révisé sa politique pour autoriser la nudité artistique dans la sculpture et la peinture, mais ses « règles de la communauté » restent ambiguës. L'artiste, photographe et conservatrice Savannah Spirit, dont les images sont souvent censurées, décrit la situation en ces termes : « Les peintures, l'art protestataire et les dessins de nus sont acceptables, de même que les photos de femmes qui allaitent, mais le nu en photographie reste un point litigieux[1]. »

Dans le cas de la *Vénus de Willendorf*, Facebook a fini par céder en déclarant qu'il faisait une exception dans ce cas au motif que l'objet incriminé était une statue[2]. Mais le directeur général de l'office du tourisme de Vienne, Norbert Kettner, rappelle que le musée Leopold s'est heurté à des difficultés, en 2021, en voulant faire de la publicité pour ses expositions sur les réseaux sociaux. Il convient, estime-t-il, « de s'interroger sur la quantité de nudité que nous sommes à même de tolérer, et de se demander qui peut décider ce que nous trouvons choquant. À Vienne, le nu est une composante socio-politique et artistique de l'histoire culturelle de la ville[3]. » Une solution astucieuse a été d'inscrire l'office du tourisme sur OnlyFans, une plateforme connue pour diffuser du matériel pour adultes. Pour 4,99 dollars par mois, les abonnés peuvent voir des œuvres « explicites » conservées dans quatre des célèbres musées de la capitale, dont l'Albertina. Dans le cadre d'une opération promotionnelle intelligente, les abonnés se connectant à la page OnlyFans de Vienne recevaient une entrée gratuite dans l'un des musées, où ils pouvaient voir « en vrai » des œuvres « explicites ». Les réactions des différentes plateformes reflètent les circonvolutions qui sous-tendent la gestion des réseaux sociaux aujourd'hui. Kettner explique que Twitter a refusé un lien vers le site de l'office du tourisme de Vienne, parce qu'il contenait un lien croisé avec OnlyFans, ce qui a conduit à rejeter tous les sujets proposés. Facebook et Instagram ont autorisé une publicité contenant la *Vénus de Willendorf* et un tableau d'Amedeo Modigliani, mais seulement après de longues explications sur le contexte artistique de ces œuvres. En revanche, une œuvre d'Egon Schiele, un *Nu masculin assis (autoportrait)* de 1910, et le tableau de Rubens, *Hélène Fourment sortant du bain*, de 1638, ont été rejetés pour cause de « nudité excessive » et considérés comme « divertissement pour adultes ». Selon Kettner, ces restrictions arbitraires ont un effet néfaste sur « l'héritage culturel de demain », les canaux numériques étant le moyen le plus efficace de diffuser des documents sur l'histoire de l'art, en particulier auprès des jeunes publics.

Pour l'artiste et photographe américain Spencer Tunick, être continuellement banni, « c'est comme si Instagram prenait votre carnet d'adresses et le jetait par la fenêtre[4] ». Basé à New York, Tunick est connu pour ses vastes panoramas photographiques peuplés d'individus nus. Sa frustration face aux politiques du géant des médias sociaux en matière de nudité l'a poussé à coorganiser, en juin 2019 – avec la Coalition nationale contre la censure –, une manifestation devant le siège new-yorkais d'Instagram. « Je peux difficilement être moi-même sur Instagram », explique-t-il. Les participants nus à la manifestation #wethenipple ont brandi des photos de tétons, dans une tentative militante pour obliger Mark Zuckerberg à s'interroger sur son approche peu subtile de la nudité artistique et sur ses interdictions sans justifications sensées. Au mois d'octobre suivant, Tunick a participé à une réunion privée entre la Coalition nationale contre la censure et les responsables d'Instagram. Il n'est pas le seul à se plaindre. Loz City, autre artiste basée à New York, crée des pièces à partir de pilules et de capsules en vente libre, coulées dans de la résine époxy. Ses publications sur les plateformes de médias sociaux ont été supprimées environ 25 fois depuis deux ans pour non-respect des règles. De son côté, Savannah Spirit a dû redémarrer son compte Instagram au moins six fois depuis 2014. Entrer dans le labyrinthe des réseaux en ligne pour publier du contenu qui est ensuite supprimé, souvent plusieurs fois de suite, est une opération épuisante pour un artiste qui veut se construire un profil commercial et critique. Le capital culturel, ou le *soft power* de l'art, semble avoir peu de valeur pour des entreprises telles que Facebook et YouTube, dont les procédures de recours restent relativement opaques.

L'artiste brésilien Udæntro, qui, dans ses autoportraits, montre son corps nu dans diverses poses contorsionnées – parfois avec son pénis sanglé ou attaché avec du ruban adhésif – essaie depuis 2019 de travailler dans le cadre des restrictions imposées, en développant un sentiment instinctif de ce qui est ou non autorisé. Son expérience met accessoirement en lumière la dynamique qui se cache derrière la machine. Un compte peut être complètement bloqué alors que le « contenu isolé » a été retiré. « Combien de fois ont-ils supprimé un contenu avant de décider de supprimer votre compte ? », demande-t-il. (Une dizaine de fois, d'après son expérience.) Autre signe d'alerte : si vous avez une ancienne identité, celle-ci ne peut pas être réactivée. « Nous sommes nombreux à avoir changé de nom et à être repartis de zéro[5] », explique-t-il. D'autres plateformes censurent les artistes qui, selon elles, contreviennent à leurs règles ou entachent leur image. En août 2021, le cinéaste et artiste autrichien Oliver Ressler a accusé YouTube de supprimer ses vidéos en raison de leur contenu « anticapitaliste ». Ses films, tels que *The Visible and the Invisible* (2014) ou *The Bull Laid Bear* (2012), exposent en effet les mécanismes sous-jacents du capitalisme et du secteur financier. Il affirme que sa chaîne a été fermée pendant sept jours[6] (YouTube n'a pas répondu à notre demande de commentaire).

Les algorithmes et leur fonctionnement

Se frayer un chemin à travers les « règles de la communauté » – qui sont en réalité un filtre de contenus – et les algorithmes qui jugent les contenus en question est un art en soi. Sur la plupart des plateformes, les restrictions restent opaques. L'application chinoise de partage de vidéos TikTok, qui appartient à ByteDance, explique par exemple : « Nous reconnaissons que certains contenus qui seraient normalement supprimés en vertu de nos lignes directrices peuvent être d'intérêt public. En conséquence, nous pouvons autoriser des exceptions dans certaines conditions particulières, notamment pour des contenus éducatifs, documentaires, scientifiques ou artistiques[7]. » Mais TikTok a essuyé des critiques relatives aux contenus qu'il autorise ou qu'il censure, notamment quand Feroza Aziz, une adolescente américaine, a été bloquée à la fin de 2019 pour avoir publié une vidéo critiquant le traitement réservé par la Chine aux musulmans ouïghours. Au début de l'année 2020, certains contenus éducatifs historiques, satiriques ou artistiques pouvaient relever des règles régissant les groupes terroristes et autres organisations dangereuses. TikTok a modifié ses règles pour la dernière fois en février 2022, mais ce remaniement, qui a pour toile de fond la lutte contre l'extrémisme violent, ne semble pas sincère. Lavanya Mahendran et Nasser Alsherif, de l'équipe mondiale de TikTok, en charge de la confiance et de la sécurité, insistent sur ce point : « Notre communauté est diversifiée et mondiale, et nous entendons cultiver un environnement propice à des interactions authentiques[8]. »

Les règles d'Instagram déconcertent depuis longtemps les artistes qui sont tombés dans le piège des ambiguïtés de la plateforme et de l'opacité de ses algorithmes. Le site interdit la nudité, y compris « certaines photos de mamelons féminins », mais les photos prises dans le contexte de l'allaitement, de l'accouchement ou de certaines questions de santé – par exemple, mastectomie, sensibilisation au cancer du sein ou chirurgie liée au genre – sont autorisées, de même que les images de certaines manifestations ou actes de protestation. La nudité est également autorisée pour les photos de tableaux et de sculptures. En revanche, l'interdiction des tétons ne s'étend pas aux hommes, ce qui est extrêmement problématique. Emma Shapiro, artiste et militante pour l'égalité des corps, basée à Valence en Espagne, souligne qu'un corps féminin a deux fois plus de chances d'être censuré qu'un corps masculin[9]. Après des années d'explications incompréhensibles, les dernières directives d'Instagram tentent au moins d'apaiser les artistes qui ont désobéi aux règles. Le géant des réseaux sociaux se donne beaucoup de mal pour présenter un vernis d'autonomie, notamment en instaurant un nouveau « contrôle des contenus sensibles », qui permet aux abonnés d'autocensurer les images qu'ils voient dans leur onglet « Explorer ». « Nos politiques en matière de nudité sont devenues plus nuancées au fil du temps », nous explique-t-on. « [...] Nous autorisons également les photographies de peintures, sculptures et autres œuvres d'art illustrant des personnages nus[10]. » Un document explicatif publié par Instagram le 20 juillet 2021 justifie l'ajout récent de cette fonction de « contrôle des contenus sensibles », l'idée étant d'accorder une certaine latitude aux utilisateurs. « Peuvent être considérés comme sensibles », explique Instagram, « des contenus qui n'enfreignent pas nécessairement nos règles, mais qui pourraient déranger certaines personnes, par exemple par leur caractère sexuel ou violent[11]. »

Sur ce problème particulier, la National Coalition against Censorship explique que le réseau social prend ses décisions par des moyens purement informatiques. Les algorithmes d'Instagram ont longtemps dérouté les artistes dont les œuvres mettent en scène le corps humain. « Ils ont souvent du mal à faire la différence entre photographie et peinture photoréaliste », explique la Coalition, ce qui montre clairement la faillibilité de l'intelligence artificielle, qui ne parvient pas à prendre en compte les différences de contexte[12]. Selon certains artistes, les règles de la communauté sont souvent impénétrables. Susan Silas, basée à Brooklyn, explique que son œuvre *Love in the ruins : sex over 50* – une série en cours qui montre l'artiste en train de faire l'amour – est tombée presque instantanément dans les filets de la police des réseaux sociaux sur Instagram. « Les tétons étant visibles, l'œuvre a été retirée au bout de 20 secondes environ ; puis j'ai reçu le message “vous avez enfreint les règles de la communauté”. L'algorithme l'a trouvée si vite, c'était choquant », dit-elle[13]. Les images de fornication ne montrant pas les mamelons ont été autorisées, mais le téton féminin fait toujours office de signal d'alarme.

Instagram et Facebook ont tenté d'expliquer – de manière assez obscure –, le fonctionnement de l'algorithme. En juin 2021, Adam Mosseri, directeur d'Instagram, a ainsi affirmé que la plateforme « n'a pas d'algorithme unique qui contrôle ce que les gens voient ou ne voient pas sur l'application ; nous utilisons divers algorithmes [...], chacun ayant ses propres objectifs [...], et chaque étape utilisant un algorithme adapté à l'utilisateur[14]. » Une source proche de Meta précise qu'il y a plusieurs raisons de ne pas autoriser la nudité sur Facebook et Instagram, toutes centrées sur la sécurité et le consentement : « Nous ne pouvons pas toujours garantir que la personne figurant sur l'image a plus de 18 ans, ni qu'elle a consenti à ce que l'image soit partagée. Nous avons besoin de règles claires pour que nos évaluateurs de contenu – ils sont plus de 15 000 à travers le monde – puissent appliquer nos politiques de manière équitable et cohérente[15]. »

Entre-temps, Oliver Ressler continue de se débattre avec YouTube. Là encore, la cause de son délit reste mystérieuse, mais, après examen, le réseau a « confirmé que son compte n'enfreignait pas les conditions d'utilisation ». Il est donc de nouveau actif et opérationnel, mais Ressler n'est pas totalement convaincu. « On ne sait pas si le canal a été fermé à cause d'un algorithme bizarre ou à la suite d'une intervention directe d'utilisateurs mécontents. » Le peintre espagnol Bernardo Torrens, évoquant les problèmes auxquels il est confronté sur Instagram, souligne que « la règle cardinale est que les photos de nu sont interdites, mais pas les peintures. Le problème se pose quand, comme dans mon cas, les peintures sont très réalistes, ou photoréalistes si vous préférez[16]. » Les artistes qui veulent aller jusqu'au bout du processus doivent s'attendre à des procédures de recours longues et pénibles. Selon Loz City, chez Instagram, cela peut prendre des semaines. Dans d'autres cas, les recours ne sont pas examinés, ou s'ils le sont, le verdict conclut à une « infraction[17] ».

Il y a des exceptions. Dans une rare volte-face, Instagram a rétabli des posts montrant un téton de femme d'où sortait une goutte de lait sur une affiche conçue par Javier Jaén pour promouvoir le film de Pedro

Almodóvar *Madres Paralelas (Mères parallèles)*. L'image avait été retirée pour avoir enfreint les « règles contre la nudité », mais Instagram a ensuite fait volte-face en expliquant que la nudité est autorisée « lorsque le contexte artistique est clair » et en s'excusant pour « la confusion causée[18] ». La National Coalition against Censorship a accueilli ce revirement avec prudence et appelé Instagram à appliquer la même norme à tous les contenus artistiques, rappelant, plutôt sardoniquement, que « tous les artistes ne sont pas Pedro Almodóvar ou Pénélope Cruz, et que le contexte artistique n'est pas pris en compte de la même façon pour tout le monde ». Elle reconnaît qu'il est difficile de créer des règles cohérentes pour des milliards d'utilisateurs, déclare sa directrice des programmes, Svetlana Mintcheva, mais « les réseaux sociaux sont, de fait, notre espace public[19] ».

D'autres revirements ne sont pas rendus publics. Le « comité de surveillance » peut annuler la décision de Facebook de supprimer un contenu, et sa décision est contraignante. En août 2021, le comité[20] a ainsi annulé la décision initiale de Facebook de supprimer le message d'un artiste autochtone nord-américain anonyme montrant une ceinture wampum incorporant des représentations inspirées par l'histoire de Kamloops (la découverte de tombes anonymes dans un ancien pensionnat pour enfants autochtones en Colombie-Britannique). L'artiste s'est excusé pour la douleur que les œuvres pouvaient occasionner aux survivants de Kamloops, mais a néanmoins estimé que le retrait par Meta était une « censure ». Les systèmes automatisés de Meta ont identifié le contenu comme violant les règles de la communauté en matière de liberté d'expression, et deux évaluateurs humains ont entériné cette décision. Mais, par la suite, la « façon dont l'utilisateur a raconté l'histoire de Kamloops et expliqué la signification culturelle de la ceinture wampum » a convaincu le comité de surveillance, à quoi s'ajoutait le fait que l'artiste « a clairement montré qu'il s'identifiait aux victimes de la discrimination et de la violence, et non à leurs auteurs ». Cette partie de la décision est cruciale : « Le fait qu'un utilisateur qui sensibilise le public à des atrocités de masse s'entende dire que son message est réprimé en tant que discours de haine est un affront à sa dignité. Cette accusation, notamment quand elle est confirmée par Meta en appel, peut conduire à l'autocensure. » Cette première affaire relative à l'expression artistique soulève des questions sur la légitimité d'un processus incapable de faire la différence entre un discours de haine et la liberté d'expression.

Au moment où nous écrivons ces lignes, TikTok a amélioré ses processus d'examen et de recours par rapport à décembre 2020, mais une procédure de recours peut prendre des jours, voire des semaines. Les nouvelles règles donnent au moins une vague idée des raisons pour lesquelles des vidéos sont supprimées, selon une méthodologie que l'on retrouve sur d'autres réseaux sociaux. Ce qui est frappant, c'est la différence entre l'existence de procédures d'appel et la nature tyrannique des règles. YouTube, par exemple, émet des *strikes* contre les contenus litigieux ; si vous avez trois « avertissements » sur une période de 90 jours, votre canal est supprimé. Selon Udæntro, si un recours est déposé auprès d'Instagram, la plupart des contenus litigieux publiés devraient aussi, à un moment ou un autre, être vus par un être humain. « L'examen d'un contenu supprimé peut prendre quelques minutes ou plusieurs semaines. Or, la plupart des contenus doivent faire l'objet d'une évaluation humaine », explique-t-il. L'association new-yorkaise Don't Delete Art, cofondée par Savannah Spirit et Spencer Tunick, a lancé en 2021 un guide qui combine les conseils émanant de Facebook et d'Instagram et les avis de défenseurs des arts et des artistes sur la manière de se conformer aux règles – souvent appliquées de manière aléatoire – régissant les formes d'expression artistique autorisées sur les réseaux sociaux.

Quel est donc l'intérêt de cette opacité persistante ? Certains professionnels de l'art estiment que des règles draconiennes permettent aux plateformes de pénétrer plus facilement les pays socialement conservateurs du Moyen-Orient et d'Asie, qui restent une mine d'or potentielle pour des entreprises déterminées à accroître leur part de marché. Avec une population de plus de 2 milliards d'utilisateurs sur Facebook, Zuckerberg s'efforce depuis longtemps de faire une percée sur le marché chinois. Tim Schneider, analyste du marché de l'art, explique que, « de toute évidence, le plus grand marché inexploité est la Chine. Or, la République populaire a rejeté la plateforme [Facebook]…[21]. »

Casey Newton, de *Platformer*, une publication en ligne axée sur « l'intersection de la technologie et de la démocratie », corrobore ce point de vue en affirmant que les entreprises, en règle générale, font ce qu'il faut pour continuer à opérer dans le plus grand nombre de pays possibles. Souvent, cela suppose de s'adapter aux règles des régimes autocratiques, y compris dans le domaine artistique », déclare-t-il[22]. Une source proche de Meta confirme que la plateforme, par sa portée mondiale, doit être consciente du fait que différentes personnes et communautés dans le monde ont des sensibilités différentes à l'égard de la nudité.

L'ombre du bannissement

Selon Aimee Dawson, ancienne rédactrice adjointe au numérique de *The Art Newspaper*, l'un des moyens les plus insidieux de censurer les artistes est le *shadow banning*, un bannissement qui reflète les pratiques sournoises d'Instagram[23]. Dawson en explique le fonctionnement : vos posts sont visibles uniquement par les utilisateurs qui vous suivent directement et par vous-même ; tous les hashtags utilisés pour étendre votre influence deviennent en revanche inutiles. En conséquence, précise Chanté Joseph, spécialiste des réseaux sociaux, « les images ne sont pas supprimées de la plateforme, mais elles sont stratégiquement inaccessibles aux utilisateurs[24] ». Les personnes qui publient, sans savoir qu'elles sont bannies, ne prennent conscience de la situation que quand elles constatent une baisse soudaine du nombre de leurs followers. Elles ont aussi plus de mal à trouver leur nom ou leurs posts dans les fils d'actualité de leurs followers.

Là encore, le problème tient à l'algorithme aveugle qui entre en action quand les utilisateurs sont censés avoir enfreint les règles de la communauté. Plus précisément, l'utilisation de hashtags interdits par Instagram déclenchera un signal d'alarme, car ces balises sont généralement associées à des violations des règles, et le fait d'être signalé pour un contenu inapproprié signifie aussi qu'une personne ou une organisation peut être bannie. Après des dénégations, Instagram a timidement reconnu en 2019 que certaines publications n'apparaissaient pas en tant que hashtags, car celles à caractère sexuel continuaient d'apparaître dans le fil d'actualité si vous suivez le compte qui les publie, mais ce type de contenu peut être invisibilisé pour l'ensemble de la communauté dans Explorer et les pages de hashtags[25]. En d'autres termes, le contenu inapproprié est restreint et, dans les faits, vous subissez ce bannissement fantôme.

« Le *shadow banning* signifie que je ne peux même pas utiliser mon propre nom comme hashtag ; en gros, Instagram me dit que mon nom ne sert à rien », déclare Savannah Spirit. À l'heure où nous écrivons ces lignes, elle n'est pas bannie et l'on peut retrouver son nom en hashtag bien que cela puisse dépendre de la ville, de l'État ou du pays dans lequel la recherche est effectuée. Spirit explique : « Mon compte de sauvegarde montrera d'autres posts si j'utilise #savannahspirit mais certainement pas les nus. Je comprends que mes posts Instagram sont supprimés pour une durée indéfinie et ne sont pas affichés sur la page Explorer ou pour un public plus large. Il n'y a aucun moyen d'y remédier. Il s'agit donc d'une sorte de *shadow banning*, mais, pour une raison quelconque, ils n'utilisent pas ce terme ; c'est donc plutôt une suppression de contenu. »

Bernardo Torrens commente : « D'après mon expérience, quand vous êtes banni, vous êtes sur une sorte de liste noire, et on garde un œil sur vos posts et vos hashtags. À titre d'expérience, j'ai téléchargé une peinture avec des tétons, et elle a été supprimée en deux secondes. » Pour lui, cela équivaut à une « dénonciation secrète ». Dans une déclaration de juin 2021, Adam Mosseri, d'Instagram, a répondu : « Nous reconnaissons ne pas avoir toujours suffisamment expliqué pourquoi nous supprimons des contenus, ni comment fonctionne Instagram de manière plus générale. Nous comprenons donc que les utilisateurs tirent inévitablement leurs propres conclusions, et que ces conclusions peuvent créer chez eux un sentiment de confusion ou de victimisation[26]. »

Certains commentateurs ont néanmoins mis en évidence le double standard de ces entreprises. Selon Aimee Dawson, si les algorithmes totalitaires filtrent les « contenus graphiques » artistiques, ils les approuvent pour les célébrités et les influenceurs. Des artistes et des photographes comme @_Adey_ ne peuvent pas publier de nus, par exemple, mais Kim Kardashian peut exhiber ses seins sans aucun problème[27].

L'autocensure sur les réseaux sociaux

La conséquence la plus dommageable de l'approche censoriale adoptée par les réseaux sociaux est que les artistes se sentent obligés de constamment filtrer et modifier leurs œuvres, c'est-à-dire de s'autocensurer. Ainsi, l'artiste new-yorkaise Susan Silas évite de poster trop d'œuvres sur Instagram : pourquoi se donner le mal de télécharger des images si la plupart doivent être coupées par les ciseaux de la censure ? Elle est donc sélective dans ce qu'elle publie et se résigne à ne « pas pouvoir diffuser de photos à caractère sexuel ». De même, Loz City autocensure ses publications pour éviter d'enfreindre les règles. « Mon travail artistique n'a pas changé et je ne modifie pas les images de mes œuvres, mais je suis beaucoup plus sélective quant aux photos et aux vidéos que je choisis de partager sur les réseaux sociaux.» D'autres artistes, en revanche, refusent de s'autocensurer: c'est le cas, par exemple, de l'Africain-Américain Dread Scott, qui a eu des ennuis pour avoir publié sur Instagram, au début de l'année 2021, l'image d'une œuvre textuelle intitulée *White people can't be trusted with power* [Le pouvoir ne peut pas être confié aux Blancs]. Il explique que Instagram «a parlé de "discours de haine". J'ai fait ensuite un deuxième post disant que j'avais été censuré, mais ils l'ont supprimé aussi. La justification dans les deux cas était le "discours de haine"», dit-il, en soulignant comment l'algorithme peut déraper[28]. Actuellement, Instagram ne censure aucune de ses œuvres, bien qu'une image montrant Donald Trump avec un anus à la place de la bouche n'ait jamais été rétablie. «Je ne me sens pas personnellement obligé de m'autocensurer, mais je suis conscient que mon travail risque de heurter les censeurs d'Instagram, leurs algorithmes et les gens de droite», explique-t-il. D'après son expérience, le contenu n'est pas déterminé uniquement par les algorithmes. Chaque fois, Instagram/Facebook affirme que ce sont plutôt les humains qui se plaignent des publications. «Quand j'ai déposé une réclamation, la plainte a été examinée par une personne plus expérimentée, qui a confirmé que la suppression était une application correcte de la politique d'Instagram», explique Scott.

L'artiste et activiste chinois Ai Weiwei refuse, lui aussi, de s'autocensurer. La censure traditionnelle, explique-t-il, fait généralement référence à la manière dont les régimes autoritaires, tels que la Chine, la Corée du Nord ou Cuba contrôlent les publications et les canaux de communication, suppriment ou bloquent les opinions non orthodoxes ou non conformes au courant dominant, et punissent les contrevenants par l'emprisonnement, la condamnation à perpétuité ou même la peine de mort. Mais la situation actuelle, dans un monde globalisé, est beaucoup plus complexe, ajoute-t-il, notamment parce qu'elle est contrôlée par des entreprises privées: «En Occident, les médias grand public et l'industrie du divertissement sont sous l'influence des grandes entreprises. La *corporatocratie* est très souvent plus forte que l'autoritarisme d'un État parce qu'elle est multinationale», affirme-t-il. «En conséquence, le pouvoir est de plus en plus concentré et il n'y a plus de contre-pouvoir[29].» De fait, les entreprises technologiques imposent leurs politiques et leurs mœurs à la société; elles fonctionnent sans contrôle et échappent à l'emprise des gouvernements.

L'artiste Joanne Leah a créé – sur plusieurs années – une œuvre qui, selon elle, « jouait avec l'algorithme d'Instagram spécialement pour voir ce qui passerait ». Modifiant ensuite sa pratique, elle a conçu des images capables de tromper complètement l'algorithme. Certaines œuvres représentant des fesses ou des organes génitaux recouverts de matériaux transparents ont été autorisées à rester, illustrant ainsi le caractère aléatoire de la mécanique de l'algorithme. Lors d'une réunion au QG d'Instagram, en octobre 2019, Leah a assuré la médiation entre les artistes censurés et les décideurs de la politique des réseaux, et recueilli des informations intéressantes sur la façon dont fonctionnent ces géants. Selon Spencer Tunick, des avancées ont été obtenues lors de la rencontre en face-à-face, notamment avec la promesse d'une plus grande transparence. Leah explique cependant que les équipes technologiques de Facebook ne parviennent pas à faire la distinction entre la photographie d'art montrant la nudité et la pornographie. « Leurs ingénieurs m'ont montré des diagrammes du spectre de la première par rapport à la seconde. Ils estiment qu'il y a trop de zones grises pour faire la distinction. » Ils sont partis d'une photographie de Helmut Newton pour illustrer les différences, ce qui, en soi, semble biaisé. « Le côté frustrant, c'est que toute la conversation a porté sur la question de savoir si l'on peut dire que quelqu'un est un artiste ou non. Le contexte est important ; ils peuvent le comprendre quand c'est une femme qui allaite ou pour des manifestations seins nus, mais pas quand il s'agit d'art », explique Leah. En 2024, il semble absurde que les réseaux sociaux ne puissent pas faire la distinction.

Depuis quelque temps, divers actes législatifs tentent de réglementer la question. Citons le « Digital Services Act » (DSA, ou « règlement sur les services numériques ») de l'Union européenne ou, aux États-Unis, le projet de loi « Eliminating Abusive and Rampant Neglect of Interactive Technologies Act » (EARN IT Act), présenté pour la troisième fois devant le Congrès en avril 2023 (et renvoyé depuis devant une commission du Sénat). Emma Shapiro analyse la manière dont Meta a adopté le DSA dans un souci de transparence[30], notamment en mettant en lumière les bannissements. Sur Instagram, les utilisateurs peuvent désormais supprimer des posts, modifier le texte incriminé ou faire appel. « Lorsque les recours échouent, de nombreux artistes choisissent de supprimer les posts dans l'espoir d'échapper à la suppression de leur compte et éviter des accusations d'infraction en boucle», ajoute Shapiro. Pendant ce temps, le projet de loi EARN IT Act, déclare Shapiro, «vise à mettre fin à la vie privée et à la liberté d'expression en ligne sous prétexte de protéger les enfants[31].»

L'intelligence artificielle (IA) commence également à poser des problèmes de censure. Dans l'art IA, il existe plusieurs sous-ensembles: le *deep learning*, selon lequel un système informatique apprend précisément comment effectuer une tâche; les réseaux neuronaux artificiels qui imitent les processus du cerveau humain; et l'IA incarnée, qui contrôle un objet physique tel qu'un corps ou un bras de robot. Les générateurs d'art IA DALL-E2 et Midjourney ont été accusés d'éviter, dans les programmes destinés à produire des images, les mots associés à la santé des femmes et à l'avortement. La journaliste Debbie Nathan a récemment expliqué comment elle avait invité les plateformes à créer des œuvres à partir de «pilules utilisées dans les avortements médicamenteux[32]».

DALL-E2 a répondu en ces termes: «Il semble que cette demande ne soit pas conforme à notre politique de contenu.» Quant au message de Midjourney, il disait: «Le mot "avortement" est interdit. Contourner ce filtre pour enfreindre nos règles peut entraîner la révocation de votre accès.» Des recherches plus approfondies menées par la *MIT Technology Review* révèlent que Midjourney a également interdit un large éventail de mots relatifs au système reproducteur humain, notamment «trompes de Fallope» et «col de l'utérus». Nathan conclut: «À une époque où le droit des femmes à l'égalité et à la liberté sexuelles fait l'objet d'attaques croissantes de la part de la droite, les interdictions de l'IA pourraient aggraver la situation.» Midjourney n'a pas répondu à nos sollicitations; son fondateur, David Holz, s'est contenté de dire à la *MIT Technology Review* que l'interdiction était une «mesure provisoire[33]». De son côté, un porte-parole d'OpenAi (le développeur de DALL-E2) évoquait des restrictions de contenu du site qui, au moment où nous écrivons, interdisent le téléchargement d'images concernant la «santé publique et personnelle (traitement, prévention, diagnostic ou transmission de maladies, personnes souffrant de problèmes de santé)[34]».

En conclusion, ce qui est surprenant dans cet aspect de la censure, c'est l'intransigeance dont font preuve les réseaux sociaux, qui semblent faire peu de cas des arts et de la culture. Si la censure y occupe une telle place, c'est à cause de la puissance des algorithmes, mais aussi de leur absence de visage (la suppression des photos de nu est le principal problème, mais le bannissement est tout aussi omniprésent). Il convient néanmoins de nuancer cette analyse, dans la mesure où les réseaux sociaux sont, en un sens, des sociétés multinationales qui protègent leurs intérêts commerciaux dans de multiples pays et cultures (les sensibilités au Moyen-Orient diffèrent évidemment de celles que l'on observe en Europe, mais le codage peut-il prendre en compte ces différences ?). Ce débat soulève également la question des limites des algorithmes d'intelligence artificielle pour comprendre une intention artistique dans son contexte. Le téton féminin n'est pas plus dangereux que le téton masculin ; la reconnaissance de cette anomalie enverrait aux artistes un signal positif.

Le champ de cette lutte évolue chaque jour en fonction des progrès de la technologie, mais, si l'on se penche sur la situation des institutions culturelles traditionnelles, nous verrons qu'elle est tout aussi délicate, quoique pour des raisons très différentes.

4

Musées occidentaux et *cancel culture*

Confrontés à des questions éthiques allant des demandes de restitution d'œuvres aux scandales de parrainage par des donateurs, des entreprises ou des mécènes douteux, les musées sont plus que jamais ébranlés dans leur identité et dans leur raison d'être. Et parce qu'ils veulent instaurer de nouveaux liens avec un public jeune, ils sont exposés aujourd'hui aux risques de la culture de l'effacement. À travers plusieurs études de cas, nous verrons dans ce chapitre comment la censure se manifeste dans de vénérables institutions, qui se retrouvent au cœur de polémiques visant à effacer des pans entiers de la culture et à contester leurs choix, qu'il s'agisse de la position qu'elles adoptent sur le colonialisme ou de la composition de leur conseil d'administration. Il est intéressant de se demander qui est à l'origine de ces « effacements » dans les musées occidentaux, censés répondre aux intérêts de tous les publics. Les gouvernements s'en mêlent, comme on le voit avec certains ministres britanniques qui fomentent des guerres culturelles en nommant des administrateurs de musées, tandis que les conseils d'administration de certaines institutions estiment – parfois avec arrogance – pouvoir définir eux-mêmes leur agenda culturel et sociopolitique. Les musées du XXIe siècle sont dans une position délicate : ce sont, en principe, des plateformes où les artistes peuvent s'exprimer librement sans subir de pression extérieure, mais, dans leur mission, ils doivent également répondre à des impératifs de « diversité et d'inclusion ». Les musées publics, en particulier, doivent être attentifs aux préoccupations des minorités et des jeunes publics, notamment dans le sillage de mouvements comme Black Lives Matter ou de l'activisme en faveur du changement climatique.

Les gardiens des collections artistiques ont toujours été animés par le grand objectif de préserver le patrimoine pour les générations futures. Ils font vivre le passé et anticipent l'avenir en innovant et en exploitant les avantages de la numérisation. Pourtant, « même s'ils sont probablement plus performants aujourd'hui que jamais, les musées semblent connaître une crise de légitimité », déclare Nicholas Thomas, directeur du musée d'Archéologie et d'Anthropologie de l'université de Cambridge[1]. « On a trop instrumentalisé les avantages sociétaux des musées ; on leur confie des missions qui ne sont pas les leurs ; pour dire les choses crûment : on leur demande aujourd'hui de résoudre les problèmes du monde. » Dans ce contexte, les musées européens et américains sont tenus, plus que jamais, d'affirmer leur engagement en faveur de la justice raciale ou de l'environnement, de dénoncer la misogynie et de décoloniser leurs collections. Mais ces enjeux exigent d'eux qu'ils prennent des décisions difficiles concernant l'art et les artistes qu'ils exposent. Sont-ils équipés pour cela ? C'est la question que nous nous poserons dans ce chapitre.

« Philip Guston Now » : comment quatre musées majeurs ont été « effacés »

La saga de l'exposition « Philip Guston Now », en 2020, montre que les musées souffrent aujourd'hui d'une crise d'identité, déchirés qu'ils sont entre les exigences d'un public militant et un discours interne agité. Les directeurs de quatre musées – la Tate à Londres, la National Gallery of Art à Washington DC, le Museum of Fine Arts à Boston et le Museum of Fine Arts à Houston – ont déclaré en septembre 2020 que l'exposition en question, déjà retardée en raison de la pandémie, serait reportée « jusqu'à ce que soit expliqué plus clairement le puissant message de justice sociale et raciale qui est au cœur de l'œuvre de Philip Guston[2] ». En d'autres termes, il était question de recontextualiser son œuvre, notamment dans le sillage des manifestations Black Lives Matter organisées dans le monde entier après la mort de George Floyd, tué par la police de Minneapolis, en mai de cette année-là. Pourtant, plus de 2 600 professionnels des arts ont exprimé leur désaccord et, dans une lettre ouverte, accusé d'autocensure les organisateurs des quatre institutions concernées.

Pour justifier le report de l'exposition, les musées ont invoqué la pandémie mondiale et l'émergence du mouvement Black Lives Matter en faveur de la justice raciale. Réunissant environ 125 tableaux et 70 dessins prêtés par quarante collections privées et publiques, l'exposition était préparée depuis des années. Il semble que la cause du malaise – bien qu'il n'y soit pas fait explicitement référence dans les déclarations officielles – soit les personnages cagoulés (évoquant le Ku Klux Klan) qui figurent dans certains tableaux et dessins. Apparues dans l'œuvre de Guston au début des années 1930, ces images ont été motivées plus tard par les troubles civils des années 1960. Comme l'explique l'artiste : « L'idée du mal me fascinait [...]. J'essayais presque d'imaginer que je vivais avec le Klan, que j'incarnais le mal[3]. » Manifestement, il tentait de comprendre les idéologies racistes dans un sens large, et certains critiques ont d'ailleurs fait allusion à son désir de masquer son identité juive. Dans le catalogue de l'exposition, Mark Godfrey – l'ancien conservateur de la Tate qui devait organiser l'étape londonienne de l'exposition – analyse en profondeur les origines juives de Guston et la manière dont nous pensons « sa relation entre la création d'images et la judéité[4] ». (Le catalogue a été publié malgré le report de l'exposition et trois des expositions se sont tenues finalement entre 2022 et février 2024.)

Le véritable problème est de savoir si les directeurs de musées, en tant qu'arbitres de la moralité et du goût, doivent se poser de telles questions sur les intentions d'un artiste et les réactions supposées du public. Font-ils preuve de sensibilité ou, au contraire, de lâcheté aux yeux de leurs détracteurs ? On a reproché aux institutions de ne pas être suffisamment ouvertes sur leurs publics et d'être prises au dépourvu quand des minorités s'enflamment. Kathy Halbreich, directrice exécutive de la Fondation Robert Rauschenberg, basée à New York, estime que les quatre musées concernés ont fait preuve d'un manque de perspicacité surprenant : « J'aurais aimé connaître les missions qui animaient ces musées avant cette débâcle », dit-elle. « Je me demande si l'un d'eux a jamais pensé que l'équité exigeait un travail quotidien et holistique. Faute de tenir compte de ces sensibilités, un musée risque de réagir au dernier moment et de manière inappropriée. La confiance se bâtit au fil du temps et doit s'accompagner d'une meilleure compréhension des préjugés[5]. » En filigrane de cet épisode se trouve le malaise fondamental selon lequel le racisme américain est profond, et qu'il remonte à plusieurs générations, affirme le critique et universitaire Robert Storr, qui porte un jugement impitoyable sur ce manque de prévoyance. Selon lui, Guston remettait en question le libéralisme blanc et affirmait en fait que n'importe quel membre de la société blanche pouvait être un membre du KKK et coupable de suprémacisme blanc. « Il faut vraiment entrer dans l'histoire de l'art et éduquer le public », ajoute-t-il. « Les institutions ne peuvent pas soudainement exposer de l'art noir partout pour prouver leur sympathie, alors qu'elles ne l'ont pas fait pendant des années[6]. »

Kaywin Feldman, directrice de la National Gallery of Art (NGA) à Washington DC, défend la décision prise pour l'exposition Guston. Elle rappelle que son équipe discute avec diverses communautés de la manière de traiter la question du racisme dans son œuvre, ou de celles de l'antisémitisme, des migrations, de la pauvreté et du suicide[7]. Une équipe du musée a collaboré avec la International Coalition of Sites of Conscience (Coalition internationale des sites de conscience) pour renforcer cet engagement du public et, parallèlement, l'institution a approfondi ses relations avec un grand nombre de ses employés de première ligne, qui se sont parfois sentis « marginalisés ou invisibilisés dans le passé ». Le changement commence aussi par le haut, explique Feldman. « Je suis heureuse de constater que, depuis 2019, notre conseil d'administration et notre équipe de direction sont plus diversifiés et plus représentatifs du pays, avec respectivement 40 % et 60 % de Noirs et d'indigènes de couleur. L'exposition a été reportée mais n'a jamais été annulée », insiste-t-elle, soulignant qu'avec les débats culturels plus larges sur « l'effacement », beaucoup de gens ont confondu report et annulation. Matthew Teitelbaum, directeur du Museum of Fine Arts de Boston, le confirme, ajoutant que le projet sera plus réfléchi, mieux ciblé et plus nuancé[8]. « À propos de l'exposition, nous avons entendu parler d'"annulation", ce qui n'a jamais été envisagé. Nous avons entendu le mot "censure"; c'est plutôt le contraire. Il en est de même pour le prétendu "manque de courage". » Il renverse l'argument de la censure en expliquant que la décision de retarder l'exposition ne peut être qu'une bonne chose. Si la *cancel culture* se conçoit, en théorie, comme un outil important de justice sociale, quelle meilleure réponse que de donner une vision plus complète du contexte dans lequel a travaillé un artiste, de son histoire personnelle et des valeurs qu'il exprime ? Naturellement, les critiques sont impatients de voir si « l'interprétation du puissant message de justice sociale et raciale, qui est au centre de l'œuvre de Philip Guston » – comme il est dit dans la déclaration commune des musées – sera la bonne[9]. J.S. Marcus précise que, sous sa forme révisée, l'exposition de Boston comprend 73 tableaux et 27 dessins, et celle de la NGA, 250 œuvres au total. Sur les 15 œuvres liées aux Ku Klux Klan initialement prévues pour Boston, cinq ont été retirées mais, selon le MFA, la décision répondait à un « problème d'espace[10] ».

L'exposition de la Tate Modern aborde d'entrée de jeu la question du KKK, avec des panneaux indiquant que « Guston a très tôt dépeint l'injustice raciale. [...] Il se concentre sur les auteurs de violences racistes [dans *Drawing for Conspirators*, réalisé quand il avait 17 ans], en plaçant un membre du Ku Klux Klan au premier plan ». Dans la section suivante, intitulée *Hoods* [capuches], « il s'interroge sur les personnes qui se cachent derrière les cagoules et sur la manière dont leurs idéologies violentes sont occultées dans la société », peut-on lire sur un cartel.

Selon une porte-parole de la NGA, aucun des sponsors de l'exposition ne s'est retiré (il s'agit notamment de la Carl and Ruth Shapiro Family Foundation et de la Terra Foundation for American Art) ; un autre sponsor, la Ford Foundation de New York, a approuvé le report de l'exposition. Notons que Darren Walker, président de la Fondation et administrateur de la NGA, a insisté sur le fait que, « aux États-Unis, le contexte a fondamentalement et profondément changé concernant l'imagerie raciale incendiaire et toxique dans l'art[11] ». Les musées peuvent-ils se permettre de déplaire à leurs sponsors ? Selon Maxwell Anderson, ancien directeur du Dallas Museum of Art, les musées ont tendance à s'autocensurer et à éviter les sujets sensibles. Il leur est plus difficile d'obtenir des financements pour une exposition qui risque de prêter à controverse. Souvent, les sponsors n'influencent pas directement les décisions institutionnelles, mais ils le font indirectement en se mettant en retrait quand il s'agit de sujets potentiellement polarisants[12].

Quand des pays ou des groupes de pression interviennent

La question se pose différemment quand un groupe de pression s'en prend directement à un musée. Alistair Hudson aurait été prié de démissionner de son poste de directeur de la Whitworth Art Gallery, à Manchester, au Royaume-Uni, après un tollé déclenché par une déclaration de solidarité affichée dans le cadre d'une exposition organisée en 2021. Intitulée « Cloud Studies », l'exposition en question – conçue par l'agence d'investigation Forensic Architecture –, abordait la question des violations des droits humains liées à la toxicité de l'air à Beyrouth, en Syrie, aux États-Unis (en Louisiane) et en Palestine. Le *Guardian* rapporte que l'Université de Manchester, qui gère le Whitworth, a demandé à Hudson de démissionner à la suite de deux plaintes déposées par UK Lawyers for Israel (UKLFI)[13], contestant particulièrement le texte introductif de l'exposition qui disait : « Forensic Architecture se tient aux côtés de la Palestine. En préparant cette exposition, nous avons été les témoins horrifiés d'une nouvelle attaque des forces d'occupation israéliennes contre les Palestiniens. » L'université a maintenu que « les questions de personnel sont strictement internes à l'université », mais les réactions ont été vives. « J'y vois une tentative de réduire au silence l'architecture médico-légale en mettant au pas les personnes qui dénoncent des situations, faute d'avoir pu les arrêter à la source. Mais, de la part de l'université britannique, c'est aussi une façon d'imposer une culture machiste à une personne comme Alistair, qui construit un autre type de relation avec le personnel et les usagers du musée », a déclaré Charles Esche, directeur du Van Abbemuseum à Eindhoven[14]. Plusieurs artistes ont décidé de boycotter le « British Art Show 9 », prévu à Manchester en 2022. Oscar Murillo et Joanna Piotrowska ont notamment condamné « la capitulation de l'université face aux demandes continues de l'UKLFI, en particulier dans les espaces où nous travaillons souvent. [...] La vérité doit être rendue publique et les lieux culturels doivent rester ouverts aux débats difficiles[15]. » Selon l'Internationale, qui est une confédération de plusieurs institutions artistiques européennes, la décision de l'Université servait à étouffer le débat sur l'occupation de la Palestine, et elle créa un dangereux précédent quant à l'influence que peuvent exercer des groupes d'intérêt sur les institutions culturelles financées par des fonds publics[16]. Nous avons là un bon exemple de mobilisation des milieux artistiques contre une forme de censure de la part de l'Université, et contre le risque que des groupes de pression n'exercent une influence indue sur une institution civile britannique.

Quand une superpuissance pratique des ingérences et tente de réécrire l'histoire, il importe de tirer la sonnette d'alarme. Fin 2020, le Musée d'histoire du château des ducs de Bretagne, à Nantes, a reporté une exposition sur Gengis Khan – l'empereur mongol du XIIIe siècle – après une tentative du parti communiste chinois de censurer le narratif de l'exposition. Selon Bertrand Guillet, le directeur du musée nantais, l'événement avait été préparé sans le moindre problème en collaboration avec le musée de la Mongolie intérieure, à Hohhot, en Chine, mais lors des dernières étapes, il avait fallu obtenir, pour certains objets, l'autorisation du Bureau du patrimoine culturel de Pékin. « On nous a demandé alors de ne pas utiliser certains mots dans l'exposition, dans le titre et dans les supports de communication : des mots comme “Gengis Khan” ou “Empire”, par exemple », raconte Guillet[17]. Et les exigences ont continué : « Le Bureau nous a envoyé un nouveau synopsis de l'exposition, avec les mêmes objectifs mais des énoncés complètement différents où toute la dimension mongole avait disparu, de même que l'histoire de Gengis Khan et de l'Empire. En fin de compte, cela devenait une exposition sur les hautes terres du nord de la Chine du XIIe au XIVe siècle, où toute l'histoire mongole était gommée et remplacée, pourrait-on dire, par le récit de la sinisation de ces populations nomades extérieures à l'Empire.»

Le gouvernement effaçait de son histoire tous les épisodes où la gouvernance de la Chine n'était plus entre les mains des Chinois, conclut Guillet. Résistant aux pressions, le musée a refusé de présenter la version chinoise aseptisée de l'histoire mongole. D'autres directeurs de musée n'auraient peut-être pas fait preuve d'autant de fermeté. L'exposition, reportée, a ouvert ses portes en octobre 2023 sous le titre « Gengis Khan : comment les Mongols ont changé le monde » (jusqu'au 5 mai 2024). « Cette nouvelle exposition a été réorganisée cette fois avec le gouvernement mongol ; les objets exposés proviennent pour la plupart de collections mongoles (nationales et privées) », explique un porte-parole du musée.

Un engagement en faveur de la justice raciale

Dans leur volonté d'accueillir une grande diversité de communautés, les musées sont devenus des lieux critiques pour les débats sur le racisme systémique et les préjugés. Mais leur engagement en faveur de la justice raciale reste scruté de près. En 2020, le musée d'Art contemporain de Cleveland (moCa Cleveland) a annulé une exposition de dessins au fusain de Shaun Leonardo, qui, sous le titre « The Breath of Empty Space », présentait des hommes et des garçons noirs et hispaniques tués par la police, et notamment Eric Garner en train de mourir étouffé, et le passage à tabac de Rodney King. Révélant « comment le cycle des images de presse façonne et brouille les perceptions et les souvenirs de ces événements[18] », l'exposition paraissait opportune au moment où, dans de nombreuses villes des États-Unis, s'intensifiaient les manifestations de masse contre les violences policières et l'injustice raciale. En mars 2020, la directrice de l'époque, Jill Snyder, a annulé l'événement au motif que « des personnes à l'intérieur et à l'extérieur du moCa ont exprimé leur inquiétude quant au fait que le musée n'était pas prêt à soutenir l'exposition de manière responsable et que ses retombées pourraient être néfastes[19] ». Dans un article du *New York Times*, elle a expliqué plus longuement que l'œuvre de Leonardo ravivait le traumatisme pour la communauté même qu'elle voulait défendre[20].

Dans une déclaration datée du 7 juin 2020, mise à jour le 13 juin[21], Snyder s'est finalement excusée : « Nous avons raté l'occasion d'avoir les débats difficiles mais urgents que réclame l'art contemporain.» Elle a démissionné le 19 juin; le *New York Times* a résumé la situation en titrant: «La directrice du moCA Cleveland démissionne après avoir annulé l'exposition sur les brutalités policières[22]». Leonardo a expliqué comment, selon lui, cette situation était le résultat d'un effondrement des processus institutionnels. «Ce qui est devenu évident pour moi depuis la réception de cette lettre [en mars] m'annonçant l'annulation de mon exposition, c'est qu'après une grave erreur de communication, la fragilité institutionnelle blanche a entraîné un acte de censure», a-t-il déclaré dans un communiqué. Sa motivation pour contrer la décision du musée repose sur le récit déformé, selon lui, qui a été construit, notamment dans la presse. «L'idée que les artistes doivent faire un pas de côté et laisser les médias décider de la diffusion de leurs images et de leur vie dans notre conscience collective…, je trouve que cela pose un gros problème», commente-t-il[23].

Mais certains activistes et conservateurs concernés par l'exposition ont donné une autre version de cette chronique de la censure. D'aucuns se sont émus du fait que l'œuvre de Leonardo n'avait pas été correctement contextualisée[24]. Ainsi, Samaria Rice, dont le fils de 12 ans, Tamir, a été tué par la police de Cleveland en 2014, a désapprouvé l'appropriation de l'image de son fils et demandé à l'artiste de ne plus l'exposer. Son avocat, Billy Joe Mills, a expliqué sa motivation: «Mme Rice a soulevé des objections intéressantes contre le point de vue des personnes qui refusent la censure. […] Expliquer une œuvre avant sa présentation ou sa publication ne signifie pas que l'on a l'approbation de la personne concernée», déclare Billy Joe Mills, et, ajoute-t-il, «si l'artiste entend véritablement aider les familles qui ont perdu un être cher, pourquoi ne voudrait-il pas se conformer à leur demande[25]?» Les événements de Cleveland illustrent la complexité des substrats d'une affaire de censure au XXIe siècle: la mère de Tamir Rice ne voulait pas que «la dernière image de son fils soit une œuvre d'art que l'on regarde». Mais l'artiste, de son côté, s'est senti «effacé» par une hiérarchie institutionnelle blanche[26].

Quelle est la prochaine étape pour les musées?

Les musées se sentent aujourd'hui plus harcelés que jamais, à un moment où ils tentent d'élaborer une feuille de route pour le XXIe siècle. Mark Godfrey, ancien conservateur à la Tate, rappelle que les grandes institutions du monde entier ont désormais « peur » d'exposer et de recontextualiser les œuvres qu'elles s'étaient engagées à présenter dans leurs programmes. « Qu'attendons-nous des musées à un moment de turbulences[27] ? » demande-t-il. « La Tate a quatre valeurs qui auraient dû nous guider : audace, rigueur, ouverture, bienveillance. » Godfrey apporte un certain éclairage sur l'affaire Guston à la Tate. Les conservateurs – lui-même et Michael Raymond – avaient travaillé en étroite collaboration avec les membres de l'équipe d'interprétation et avec Rudi Minto de Wijs, ancien coprésident du réseau Black, Asian and Minority Ethnic (BAME), pour donner des informations contextuelles sur l'utilisation de l'imagerie du Ku Klux Klan par l'artiste et laisser au public l'espace nécessaire pour y réagir, explique-t-il. La directrice de la Tate, Maria Balshaw, et l'ancienne directrice de la Tate Modern, Frances Morris, ont déclaré dans une lettre au *Times* qu'elles s'étaient trouvées dans une situation difficile et qu'il leur aurait été impossible de poursuivre le projet d'exposition pour des raisons financières et logistiques, ce qui aurait été « irrespectueux » vis-à-vis des musées partenaires. Cette décision a été prise en réponse au climat instable qui règne aux États-Unis en matière d'égalité et de représentation raciales. « Pour les institutions américaines, c'est leur crédibilité même auprès des publics noirs et des minorités ethniques qui est en jeu », ont-elles déclaré en réponse à un article de David Aaronovitch accusant la Tate de « lâche autocensure[28] ». Balshaw et Morris affirment ne pas s'être autocensurées, centrant leur argumentation sur un point essentiel, à savoir que l'imagerie du KKK reste profondément choquante et que « l'appropriation de la représentation » n'a jamais été aussi contestée, ce qui a suscité une réflexion sur la manière dont les musées doivent s'approprier les récits historiques[29]. Et l'affaire pourrait avoir des résultats positifs. À Boston, par exemple, Matthew Teitelbaum affirme que « l'engagement institutionnel » – ou « l'activisme du personnel », comme il l'appelle aussi – s'est considérablement renforcé, de sorte que « l'expérience vécue » de nos collègues devienne désormais beaucoup plus importante.

Certaines institutions trouvent le moyen de relever des défis difficiles. En 2018, la directrice de la Pennsylvania Academy of the Fine Arts, à Philadelphie, a choisi de maintenir une exposition de photographies de Chuck Close après la révélation d'allégations d'agression sexuelle visant l'artiste (décédé en 2021). La directrice de l'époque, Brooke Davis Anderson, n'a pas fermé l'exposition, mais elle a décidé d'ajouter en parallèle une exposition de femmes artistes intitulée « The Art World We Want » [Le monde de l'art que nous voulons]. Le public a réagi sur des Post-it à des questions telles que : « Qui aimeriez-vous voir plus souvent ? » Les commentaires, qui portaient sur des thèmes comme le pouvoir et le genre, ont tous été conservés ; ils constituent une réponse précieuse et forte aux fractures et aux défauts de l'exposition « Chuck Close Photographs ».

Les musées sont indéniablement dans une situation problématique. Selon Maxwell Anderson, ils s'autosurveillent dans l'attitude à adopter face à la diversité, au lieu de découvrir de nouveaux talents ou d'aborder des débats épineux sur la révision des canons de l'histoire de l'art. Le rôle des gouvernements est déterminant : « Les champs de bataille les plus importants sont aujourd'hui l'ingérence des autorités publiques dans la liberté d'expression », explique Anderson. « En Grande-Bretagne, Boris Johnson a politisé le financement et la gouvernance des arts, et aux États-Unis, certains États s'opposent à l'enseignement de l'histoire des relations raciales dans les écoles[30]. » L'interdiction d'évoquer la question de l'égalité raciale et la « théorie critique de la race » (« critical race theory »), défendue par les législateurs républicains, empêche d'aborder rationnellement le passé raciste de l'Amérique et risque d'ouvrir un nouveau front extrêmement conflictuel dans la guerre culturelle que connaît le pays.

Depuis janvier 2021, selon une analyse d'*Education Week*[31], ce sont 44 États qui ont introduit des projets de loi ou pris des mesures pour encadrer la manière d'aborder la question du racisme et du sexisme dans les écoles. Mari Matsuda, professeur de droit à l'université d'Hawaï, estime qu'il faut enseigner la théorie critique de la race ; comme elle l'explique au *New York Times :* « C'est une méthode qui prend au sérieux l'expérience vécue du racisme ; elle montre, à partir de l'histoire et de la réalité sociale comment le racisme opère dans le droit et la culture aux États-Unis[32]. » L'artiste afro-américain Dread Scott va plus loin en affirmant que le simple fait d'évoquer l'oppression des Noirs dans l'enseignement de l'histoire est illégal – ou risque de le devenir – en de nombreux endroits. Il est difficile, par exemple, d'aborder la guerre civile américaine et sa cause première, l'esclavage, comme l'explique Scott : « C'est en Floride que la situation est la plus extrême, mais le Texas et d'autres États ou districts ont des lois et politiques similaires. Certains livres sont interdits, notamment ceux de Toni Morrison et d'Alice Walker, parce qu'ils sont censés défendre la théorie critique de la race. *The 1619 Project*[33], lauréat du prix Pulitzer, auquel de nombreux artistes et moi-même nous nous référons, est également visé. Des domaines entiers sont interdits : les cours d'histoire des Noirs dans l'enseignement secondaire ne sont pas autorisés dans certains États. »

Il pense également que son texte *White People Can't Be Trusted with Power* n'aurait pas été censuré sur Instagram en 2021 (il a été rétabli entre-temps) s'il n'y avait pas eu ces attaques contre la théorie critique de la race.

De son côté, le groupe de défense des droits humains Pen America a mené des recherches approfondies sur ce qu'il appelle les « bâillons éducatifs », définis comme la propagation de restrictions explicites (dans l'enseignement primaire, secondaire, mais aussi supérieur) sur des sujets tels que la race, le genre, l'histoire américaine et les identités LGBTQ+. D'après ses recherches, sur les 3 362 livres interdits au cours de l'année scolaire 2022-2023, on constate la récurrence de certaines thématiques : ainsi, 30 % de ces livres comprennent des personnages de couleur ou abordent la question de la race et du racisme[34].

En ce qui concerne les musées britanniques, le gouvernement conservateur a été accusé d'écarter certains membres de conseils d'administration pour leurs opinions[35]. Dans un développement inquiétant, l'auteur et historienne des sciences Sarah Dry s'est ainsi retirée du conseil d'administration du Science Museum Group, en mars 2021, parce qu'elle refusait de soutenir explicitement la position du gouvernement sur le patrimoine contesté, à savoir l'approche « conserver et expliquer » [retain and explain], en contextualisant les monuments historiques controversés (voir chapitre 5). Cette mainmise du gouvernement sur la gestion des organismes financés par des fonds publics peut être considérée comme une forme de censure qui contrevient au « principe d'autonomie » censé prévaloir dans les musées nationaux. Le ministère du Numérique, de la Culture, des Médias et du Sport a clairement précisé qu'il n'y avait pas de « présomption de reconduction automatique du mandat des administrateurs ; dans la grande majorité des cas, de fait, les nouvelles nominations apportent de nouveaux talents ». Comme le rappelle Dry, c'est le public qui est perdant dans l'affaire, et, ajoute-t-elle, « en ces temps étranges, la gauche comme la droite ont leur propre version de la censure[36]. »

Pour Nicholas Thomas, directeur de musée, les musées n'ont pas pour mission de relever les grands défis sociétaux – le bien-être des populations, les inégalités ou l'exclusion sociale –, mais ils ont fort à faire en interne en matière de genre, d'égalité ou de race, et ils doivent « décoloniser » une présentation datée des pièces exposées. Pourtant, la portée de leur influence reste limitée. « Il est peut-être irréaliste d'attendre des musées, dont les budgets sont relativement modestes, qu'ils "résolvent" les problèmes ou puissent significativement contribuer à faire remonter le niveau », ajoute-t-il[37]. Les musées n'en sont pas moins régulièrement sollicités à ce sujet, et ces questions ne se dissiperont pas de sitôt. Le danger est que ces institutions ne soient pas préparées à de telles confrontations, comme on l'a vu en 2021 lors d'une querelle sur la transphobie déclenchée par la Royal Academy of Arts (RA) à Londres. L'artiste Jess de Wahls ayant été accusée d'avoir exprimé des opinions transphobes dans un blog en 2019, les reproductions de ses œuvres ont été retirées de la boutique de souvenirs. Par la suite, les responsables de la RA se sont excusés en déclarant qu'ils n'étaient pas habilités à juger les opinions qui s'exprimaient sur les réseaux. Cet « effacement » d'une artiste, même s'il a été annulé par la suite, révèle une défaillance institutionnelle qui a été souvent dénoncée.

« Les artistes s'imaginent que les musées sont courageux. Ils ne le sont pas », a déclaré l'artiste Glenn Ligon, qui est allé à contre-courant en affirmant son soutien aux quatre musées qui accueillaient l'exposition « Philip Guston Now[38] ». Il dit : « Si vos gardiens ne veulent pas être en présence d'un membre du Klu Klux Klan, le fait d'accrocher des peintures avec leur représentation ne va pas vous aider. Il a un travail à faire là-dessus. Dans beaucoup de musées, il y a un travail à mener, et il est difficile de trouver le juste équilibre. Concernant l'exposition Guston, j'ai revu ma position. À l'origine, j'étais du côté des personnes irritées par le report, mais je pense aujourd'hui qu'il a permis de préparer une présentation plus intelligente. » Les musées font plutôt confiance à leur public, qui fera une lecture plus mesurée de l'œuvre de Guston deux ans après les manifestations de Black Lives Matter. Mais différentes institutions servent différents publics, ou, comme le dit fort justement Sally Tallant, présidente du Queens Museum de New York, « il faut faire du sur-mesure. Ce n'est pas une taille unique[39] ». Sous le titre « Year of Uncertainty » [Année de l'incertitude], son musée s'est donc lancé dans un programme ciblant la population autour de plusieurs thèmes (care, réparation, justice et avenir) et abordant « les états de précarité hyperlocaux et internationaux qui ont été aggravés par la pandémie de COVID-19, et l'inaction dans les domaines de la justice raciale et de la xénophobie, des réparations climatiques et des disparités de revenus». Neuf partenaires locaux impliqués dans le militantisme LGBTQ+ et la prévention de la violence armée sont associés au programme. En abordant des questions sociétales importantes et pertinentes, les musées montrent qu'ils peuvent être plus courageux que nous ne le pensons parfois.

Pour autant, les musées sont dans une position plus difficile que d'autres institutions publiques, car la censure y est relativement plus fréquente qu'ailleurs, et que des incidents comme ceux évoqués plus haut peuvent créer des précédents dangereux. Mais, pour que les artistes s'y sentent libres, ces espaces publics doivent rester neutres, résister aux ingérences extérieures et toujours garder à l'esprit le contexte, si important. Selon un conservateur de musée qui souhaite garder l'anonymat, l'exposition du Whitworth, «Cloud Studies», aurait dû être encadrée de manière plus efficace par des avertissements plus visibles. Les musées européens et américains tentent d'affirmer leur engagement en faveur de la justice raciale et de l'environnement, de dénoncer la misogynie et de décoloniser leurs collections. Ce sont de bonnes intentions. Pour Sharon Heal, directrice de l'association britannique de défense des musées, «la plupart des personnels des musées, loin de craindre les effacements ou les annulations, créent de nouvelles façons de s'engager et de travailler avec les communautés[40].» Cependant, les musées ne peuvent pas tout faire, affirme Nicholas Thomas, sous peine de les transformer en champs de bataille pour des opinions irréconciliables. L'artiste doit pouvoir trouver sa place dans un cadre éthique et logistique raisonnable.

5

Censurer le passé ? Les récits autour des monuments « problématiques »

Dans ce dernier chapitre, nous quitterons le domaine virtuel pour nous intéresser à nos grands monuments publics et décrypter la polémique autour de statues controversées, qui, pour les uns, sont des rappels douloureux de l'histoire et, pour d'autres, une source de fierté nationale. Aux États-Unis, nombre de monuments du XIXe siècle sont liés à l'époque des lois Jim Crow, quand plusieurs États ont légalisé la ségrégation raciale et gravé dans le marbre – au sens propre – un passé colonialiste et esclavagiste, et un « avenir suprémaciste blanc[1] ». Face à ces totems visibles de trajectoires historiques, c'est à un choc des cultures et des valeurs que l'on assiste. Pour le journaliste canadien Tyler Stiem, ces statues controversées indiquent dans quel sens tourne le vent pour toute la génération socialement responsable d'aujourd'hui : « Lorsque la lentille à travers laquelle on voit le monde devient insuffisante, le monde cherche des explications plus profondes et découvre les continuités enfouies entre les injustices du passé et celles du présent. Mais certaines personnes arrivent à la conclusion inverse : la situation est mauvaise aujourd'hui parce que nous nous sommes trop éloignés du monde d'hier. La nostalgie qu'expriment le Brexit et le slogan "Make America Great Again" est un appel à l'idée consolatrice (pour certains Blancs) que, loin d'être une faillite morale, le passé a marqué l'apogée d'une civilisation. Dès lors, les statues, les bâtiments historiques et les plaques des noms de rue en viennent à incarner la tension entre deux visions du monde[2]. »

La destruction de monuments « problématiques », qui s'accélère depuis 2020, peut être vue à travers un prisme politique ; les partisans de la droite ont condamné le déboulonnage de statues séculaires au Royaume-Uni et aux États-Unis par les « militants woke[3] », mais pour Boris Johnson, l'ancien Premier ministre britannique, « on ne peut pas modifier ni censurer le passé, ni prétendre écrire une autre histoire[4] ».

Dans l'autre camp, celui des libéraux, certaines statues – et en particulier l'effigie profanée d'Edward Colston, jetée dans le port de Bristol – sont fondamentalement un « affront » pour les personnes de couleur[5]. Alors que les États, les collectivités locales et les pouvoirs publics en général réévaluent la place de ces monuments dans la société, la question de construire un nouveau « récit » est plus délicate que jamais. En réalité, la bataille des statues n'a fait que creuser le fossé idéologique : pour certains commentateurs de gauche, abattre un monument à la mémoire d'un marchand d'esclaves est un progrès ; pour d'autres – à droite – c'est une forme de censure. Cette volonté de faire disparaître des monuments historiques litigieux peut être vue comme un renversement complet de la dynamique évoquée dans les chapitres précédents, en ce sens que la censure est alors exercée par les citoyens, et non plus par les détenteurs du pouvoir.

En janvier 2022, les quatre manifestants qui avaient jeté à l'eau la statue de l'esclavagiste Edward Colston ont été déclarés non coupables. Steven Cammiss, professeur associé à la faculté de droit de Birmingham (Royaume-Uni), – qui a assisté durant dix jours à l'intégralité du procès en compagnie de deux autres universitaires – a publié un rapport sur le site web *The Conversation*. L'un des principaux arguments avancés par la défense a été celui de l'insulte au public : « C'est Edward Colston et le conseil municipal de Bristol qui semblaient être en accusation. Les militants inculpés et de nombreux témoins ont fait valoir que les crimes de Colston étaient si horribles que la présence de sa statue était offensante, abusive et perturbante. De plus, le fait que le conseil municipal l'ait laissée en place après trente ans de pétitions et de demandes, émanant notamment de la communauté afro-caribéenne de Bristol, a conduit la défense à affirmer que l'inaction du conseil équivalait à une faute dans l'exercice d'une fonction publique[6]. »

Cette analyse montre le rôle déterminant joué par l'opinion publique dans le sort réservé à la statue. « Ce qui ressort vraiment des témoignages », explique Steven Cammiss, « c'est à quel point les préoccupations de la population se sont heurtées à un mur ». Certes, la statue a subi un traitement extrême. Un conservateur britannique a même qualifié le verdict de « pervers », affirmant que les jurés avaient ignoré les preuves irréfutables d'un acte de délinquance[7]. Les files de visiteurs qui attendent de voir l'effigie graffitée et abîmée, aujourd'hui recontextualisée au M Shed Museum de Bristol, semblent attester la victoire du public sur l'administration.

La question n'est pas seulement de savoir quel récit raconter, mais aussi de se demander comment commémorer des figures et des symboles que l'on a honorés à une époque. Pour Charles Saumarez Smith, ancien directeur de la National Gallery, à Londres, il est juste de réinterpréter le passé, ce que les historiens font d'ailleurs en permanence. « Si l'on pense que c'est une révision de l'histoire, alors cette révision est à la fois nécessaire et inévitable. Cette réinterprétation n'est d'ailleurs pas dépourvue d'une part de jugement moral, mais je pense qu'il faut y mettre une part de sympathie et de compréhension des valeurs morales du passé[8].» Selon le sculpteur britannique Nick Hornby, «conserver les monuments publics, c'est conserver les valeurs qu'ils représentent. [...] Et pour décoder des statues difficiles, il faut avoir la culture visuelle nécessaire[9].» En d'autres termes, il faut savoir «lire» les paysages qu'elles habitent, ce qui n'empêche pas certains groupes sociaux d'être touchés, même inconsciemment, par des sentiments douloureux.

La dichotomie des points de vue dans ce débat est illustrée par la décision rendue en 2019 par le juge Richard E. Moore, qui a estimé que les statues des généraux confédérés Robert E. Lee et Thomas Jonathan Jackson, dit Stonewall Jackson, à Charlottesville, étaient des monuments aux morts. Il s'est appuyé sur une loi de la Virginie, qui interdisait aux autorités autres que le gouvernement de l'État de déposer des monuments aux morts (les deux statues, points de ralliement des manifestations racistes, ont néanmoins fini par être déboulonnées en juillet 2021). «Je ne pense pas pouvoir en déduire qu'une loi sur la préservation de l'histoire a pour but d'être raciste», a-t-il déclaré. «Il est certain que le racisme était dans l'esprit des législateurs, mais nous ne devons pas juger la loi actuelle en fonction de cette intention[10].» La loi municipale était toutefois inadaptée, comme en témoigne l'ambiguïté du résumé du juge. Mais à une époque de responsabilisation, les lois ne sont apparemment pas adaptées à l'objectif visé, dans la mesure où les systèmes de valeurs s'affrontent dans le sillage d'événements tels que les manifestations Black Lives Matter. Les avocats de la municipalité ont fait valoir que les statues n'étaient pas des monuments aux morts mais des monuments à la suprématie blanche. Toutefois, Moore est resté inébranlable. « Si certains voient manifestement en Lee et Jackson des symboles de la suprématie blanche, d'autres voient en eux de brillants tacticiens militaires», a-t-il ajouté[11]. Dans le langage des valeurs du XXIe siècle, on n'a de cesse d'effacer des personnages historiques ou contemporains dont les réalisations et les principes sont en contradiction avec les valeurs d'une jeune génération. Moore a inversé la situation en tentant de récupérer les œuvres et d'en faire des emblèmes historiques.

Comment nous en sommes arrivés là

À partir des années 1960, les filtres du féminisme, du postféminisme et du postcolonialisme ont commencé à façonner un nouveau récit historique, mais, depuis une dizaine d'années, le monde de l'art s'intéresse de très près aux monuments litigieux. Au Royaume-Uni, le fil conducteur aujourd'hui est la « guerre contre le wokisme », alimentée par un gouvernement de droite à l'époque de Boris Johnson, apparemment soucieux de détourner l'attention de questions politiques sensibles comme le Brexit.

Le mandat de Johnson en tant que Premier ministre (2019-2022) a été marqué par quelques belles réalisations, comme le festival artistique et scientifique Unboxed UK (mars-novembre 2022), qui, selon les organisateurs, a été vécu par 18 millions de personnes, en ligne ou en présentiel, ce qui a justifié son financement par l'État à hauteur de 120 millions de livres[12].

Mais Johnson n'était pas tant préoccupé par la culture que par les guerres culturelles. La journaliste Charlotte Higgins écrit dans *The Guardian* : « Donner des armes aux débats sur les monuments commémoratifs publics et le patrimoine contesté, en particulier à la suite des manifestations Black Lives Matter de l'été 2020, a été une façon de s'attaquer à ce qui était perçu comme relevant du wokisme. Par ces manœuvres, Johnson et ses ministres ont failli enfreindre le principe d'indépendance des musées nationaux au Royaume-Uni[13]. »

En particulier, le gouvernement a été accusé de mener une « campagne concertée pour éliminer les voix dissidentes dans les principaux musées, galeries et organismes culturels britanniques[14] ». En conséquence, certaines institutions ont évité d'aborder des questions comme le colonialisme et l'esclavage, jugées trop politiques ou polémiques, ce qui équivaut à une forme d'autocensure. On observe néanmoins des évolutions. Pour Peter Mandler, professeur d'histoire culturelle moderne à l'université de Cambridge « la question se pose de savoir comment les musées ont été affectés par la nomination, dans leurs organes de tutelle, de personnalités ouvertement politiques. Dans le secteur des musées, on ressentait clairement une anxiété, qui a probablement atteint son apogée quand le ministre a convoqué toutes les organisations du patrimoine pour leur lire le Riot Act[15]. »

Mandler ajoute : « Depuis l'arrivée du Premier ministre Rishi Sunak, les choses se sont un peu calmées, mais les ministres nous rappellent régulièrement que, pour eux, la « guerre anti-woke » est un moyen de gagner des voix, et qu'ils sont prêts à la poursuivre en mobilisant toutes les institutions publiques sur lesquelles ils ont de l'influence. Je pense que la plupart des conseils d'administration des musées retiennent leur souffle et attendent les prochaines élections [prévues en 2024]. »

Bruce Boucher, ancien directeur du Sir John Soane's Museum à Londres (un musée partiellement financé par le ministère de la Culture, des Médias et du Sport), partage en partie cet avis : « Je pense, dit-il, que le gouvernement a voulu utiliser le wokisme après le mouvement Black Lives Matter pour créer un sujet de dissension. Mais ce n'est pas ce qui intéresse les gens dans ce pays. L'électeur moyen a d'autres préoccupations[16]. »

Selon lui, les « guerres culturelles » se sont développées au cours des trois ou quatre dernières années. Les conservateurs, estimant que le gouvernement, pendant les années Blair, avait placé un grand nombre de ses partisans dans les conseils culturels, ont souhaité rétablir un certain équilibre, ce qui a été cause de frustration pour des musées censés être des « organismes indépendants ». Ceux-ci ont eu l'impression que le gouvernement cherchait à leur tordre le bras.

En janvier 2021, le gouvernement britannique a annoncé de nouvelles lois de sauvegarde des monuments historiques, qui obligent les particuliers à obtenir un permis de construire pour les bâtiments classés et une autorisation pour déplacer une statue historique. Entrée en vigueur en avril 2021, la loi est passée inaperçue aux yeux de nombreux acteurs du patrimoine. S'il est envisagé de déposer une statue, il faut consulter le ministère compétent, mais ce dernier n'a pas souhaité répondre à notre demande sur le nombre de fois où il a été sollicité jusqu'à présent.

Entre-temps, l'ancien ministre britannique de la Culture, Oliver Dowden, a renforcé son discours sur le wokisme en transformant le débat sur les statues en une polémique politique. Dans une série de lettres datant de la fin de l'année 2020, il donnait des conseils sur la manière d'exposer le « patrimoine contesté », allant jusqu'à laisser entendre que le financement des musées pourrait être conditionné au respect de ces directives. L'historien de l'art Bendor Grosvenor a qualifié cette tactique « digne du Parrain » dans le financement des arts[17]. Néanmoins, face aux menaces d'ordre financier, les organismes culturels et patrimoniaux se sont sentis contraints de contrôler leurs activités. Le 23 février 2021, Dowden a organisé un sommet pour expliquer aux directeurs des musées nationaux et aux responsables de certains organismes[18] comment mettre en pratique l'approche « conserver et expliquer » [*retain and explain*] du gouvernement à l'égard des statues et monuments historiques controversés. En filigrane, il y avait l'idée « faites ce que je dis, ou vous risquez de perdre des financements». Un conseil consultatif du patrimoine, dans lequel figurait l'historien Robert Tombs, a élaboré les lignes directrices nécessaires[19], mais la stratégie de Dowden a inquiété certains professionnels de l'art – et notamment l'ancien ministre de la Culture Ed Vaizey – déterminés à maintenir le «principe d'autonomie» cher au Royaume-Uni[20]. Pour Chris Smith, secrétaire d'État à la culture dans le gouvernement travailliste de Tony Blair, l'administration actuelle tente de contrôler le discours sur la culture en disant aux musées ce qu'ils peuvent faire et ne pas faire. En d'autres termes, explique-t-il, «ceux-ci ne peuvent organiser que des expositions qui représentent la fierté de l'histoire britannique[21].»

Aux États-Unis, il existe 2000 toponymes et autres symboles confédérés, dont 725 monuments et statues, parmi lesquelles 300 sont concentrés en Géorgie, en Virginie et en Caroline du Nord, selon le Southern Poverty Law Center, qui précise que 145 monuments confédérés (la plupart érigés au début des années 1900) ont été déposés entre 2010 et 2021[22]. Mark Elliott, professeur associé d'histoire à l'université de Caroline du Nord, explique que «ces monuments ont d'abord eu pour fonction de commémorer un deuil collectif dans des cimetières; puis, vers 1890, ils ont été érigés – sur les places publiques et devant les palais de justice – pour commémorer la "cause perdue" des Confédérés». Toutefois, il est difficile de dire dans quel pays – États-Unis ou Royaume-Uni – la question est la plus brûlante. Bruce Boucher, mentionné plus haut, apporte un témoignage personnel intéressant: «Ayant vécu à Charlottesville pendant six ans, je peux vous dire que les deux statues en question [Lee et Jackson] ont été placées près des communautés noires d'une manière délibérément provocatrice[23].» Au Royaume-Uni, la question est plus nuancée, car la majorité des statues litigieuses se trouvent sur des places ou dans des bâtiments publics. Pour ce qui est des statues américaines, Elliott explique que «les statues que l'on a déboulonnées datent presque toutes de la période 1890-1950. Contribuant à créer une mythologie selon laquelle les Blancs du Sud appartiennent à une race supérieure et que les Noirs ne doivent pas jouir des mêmes droits, elles étaient déjà controversées à l'époque. De nombreux Américains du Nord les trouvaient scandaleuses[24]».

En mai 2017, Mitch Landrieu, alors maire de la Nouvelle-Orléans, a relancé et radicalisé la question des statues. Dans un discours fort et émouvant, il proposait de déposer quatre monuments érigés dans la ville à la gloire des dirigeants confédérés, dont Robert E. Lee et Jefferson Davis. « La Confédération a été du mauvais côté de l'histoire et de l'humanité », a-t-il déclaré. « Elle a cherché à déchirer notre nation et à soumettre nos concitoyens américains à l'esclavage. C'est une histoire que nous ne devons pas oublier mais que nous ne devons plus jamais mettre sur un piédestal[25]. » Depuis, la mobilisation autour du retrait de ces statues n'a fait que s'intensifier, notamment après la mort de George Floyd en mai 2020.

Faut-il réviser l'histoire ou la conserver ?

Alors que les monuments continuent de tomber, nous devons nous demander si nous ne sommes pas en train d'effacer certains pans de l'histoire. Si la censure consiste à supprimer une œuvre parce que certains condamnent la personne qu'elle commémore, on peut s'interroger sur la réévaluation prônée par la majorité morale conservatrice. En voulant « conserver et expliquer » – c'est-à-dire replacer l'œuvre dans le contexte d'une époque –, ne risque-t-on pas de donner une vision relativement édifiante d'épisodes et de personnages qui ne méritent peut-être pas d'être blanchis ? Le récit patriarcal dominant (la plupart des statues représentent des hommes blancs et riches) renforce souvent certains préjugés ethniques. Les artistes sont peut-être les mieux placés pour apprécier la situation. Comme nous l'explique le sculpteur Nick Hornby : « Cela nous amène à nous demander comment rendre visible notre nouvelle position. Selon moi, une petite plaque ne suffit pas ; il faut utiliser un langage visuel à la hauteur de l'objet incriminé. S'il s'agit d'un personnage grandeur nature, il faut un geste grandeur nature. Il est beaucoup plus efficace d'utiliser l'incroyable pouvoir des arts plastiques plutôt qu'un simple texte. Il faut combattre le feu par le feu[26]. »

Pour Daniel Sherman, professeur d'art et d'histoire à l'université de Caroline du Nord, « changer le regard sur les statues historiques n'équivaut pas à une censure, et il faut réfuter l'affirmation de Boris Johnson selon laquelle on ne peut pas réviser le passé. Le passé n'est pas une entité autonome, comme la page d'un livre ou une œuvre d'art. Le passé n'existe plus. Le passé est une construction qui change à chaque génération[27]. » Kirk Savage, professeur et président du département d'art et d'architecture à l'université de Pittsburgh, reconnaît que la censure n'est pas une notion pertinente ici[28]. « Tous ces monuments ont été érigés par des personnes qui voulaient faire avancer leurs ambitions et leurs intérêts. La somme totale de ces projets singuliers ne fait pas "l'histoire". Celle-ci est un ensemble d'interprétations que nous pouvons collectivement décider d'évaluer et de modifier.» Ainsi, explique-t-il, si un conservateur de musée décide de placer une œuvre en réserve, ou d'y apposer un nouveau texte interprétatif, il ne censure pas; il fait son travail de conservateur.

Savage fait une lecture différente et plus nuancée du patrimoine contesté et inscrit la censure dans un tout autre cadre. « Si l'on veut parler de censure, il faut comprendre que le paysage monumental est lui-même un produit de la censure », dit-il, « car seules les personnes ayant autorité ou accès à l'autorité peuvent espérer ériger un monument. L'histoire et les voix des minorités et autres groupes privés de leurs droits ne pouvaient pénétrer dans l'espace public ni dans le paysage de la commémoration publique. En d'autres termes, ces voix étaient censurées par ceux qui avaient la maîtrise de l'espace public et de la représentation publique.» Selon cette analyse, la censure peut être interprétée de multiples façons et prendre plusieurs formes, mais la question la plus pressante est de savoir où tracer la ligne de démarcation entre les monuments à conserver et les monuments à détruire. Dans une lettre adressée au gouverneur William H. Nungesser en avril 2017, Randy J. Sparks, professeur d'histoire à la School of Liberal Arts de l'université de Tulane, souligne que l'association du drapeau confédéré au racisme et à la suprématie blanche « n'est pas nouvelle et n'a pas commencé avec le Ku Klux Klan[29] ». Landrieu a visé juste, dit-il, quand il a établi un lien entre les monuments célébrant les « héros » confédérés et ceux qui rendent hommage à la suprématie blanche: « c'est là que réside la distinction fondamentale entre les dirigeants de la Confédération et des Américains loyaux comme Andrew Jackson et Thomas Jefferson, qui, malgré leurs défauts flagrants, n'étaient pas des traîtres.» Cette distinction appelle un examen théorique contradictoire pour déterminer quelles figures, aujourd'hui transformées en symboles du racisme systémique, devraient être rayées de l'histoire des villes, des régions et des pays.

En octobre 2021, les membres du conseil municipal de New York ont voté le retrait d'une statue de Jefferson installée dans la salle du conseil depuis les années 1830. Mais rien n'est clair quand on découpe l'histoire en tranches. Ce déplacement, demandé par les groupes noirs, latinos et asiatiques du conseil, devait aller de soi estime le *New York Times*[30], mais la décision a été remise en question quand un groupe d'historiens a proposé d'installer la statue incriminée dans la salle du gouverneur à l'hôtel de ville. Raymond Lavertue, par exemple, historien à l'Institut américain Rothermere de l'Université d'Oxford, a exhorté les autorités municipales à maintenir Jefferson « dans un espace public au siège du gouvernement ». C'est là que se pose la difficile question d'évaluer l'héritage historique des « hommes d'État » qui, pour le meilleur ou pour le pire, ont façonné le cours des événements au fil des siècles. Bien que Jefferson ait été « très imparfait », ajoute Lavertue, ses idées sur l'égalité méritent d'être défendues[31]. « Des hommes d'État comme Jefferson et George Washington étaient des esclavagistes, comme la plupart des signataires de la Déclaration d'indépendance, mais il convient, dans une approche plus globale, de prendre en compte tout leur parcours », déclare Harriet Senie, professeur d'histoire de l'art au City College de New York, qui a siégé à la commission consultative sur l'art et les monuments de la ville[32]. Selon elle, Jefferson n'aurait peut-être pas été « effacé », si l'on avait tenu compte de la situation dans sa globalité, rappelant que le troisième président des États-Unis avait été un défenseur précoce et ardent de la liberté de religion, et que la statue elle-même avait été offerte par un juif, Uriah P. Levy, victime de comportements antisémites. Harriet Senie poursuit : « Mais cela n'a jamais fait partie du débat. Dans un contexte plus large, il aurait été utile d'afficher des informations – qui semblaient manifestement faire défaut – expliquant la raison de sa présence et l'importance, sans doute fondamentale, du plaidoyer de Jefferson en faveur de la liberté religieuse. Les conditions dans lesquelles se fait l'évaluation sont donc très importantes. »

Fin 2020, la statue d'un esclave agenouillé devant le président Abraham Lincoln a été retirée de Park Square à Boston, aux États-Unis, après une pétition lancée par l'artiste Tory Bullock et signée par plus de 12 000 personnes. L'héritage de Lincoln, comme celui de tous les présidents des États-Unis, est scruté de près ; cette statue, qui représentait de manière déshumanisante un Africain-Américain dans un geste de soumission à son compatriote blanc, ne pouvait rester, mais d'autres monuments à la gloire de Lincoln, moins litigieux, sont toujours en place, notamment à Chicago, qui en compte cinq, dont *Standing Lincoln* dans Lincoln Park (par Augustus Saint-Gaudens, 1887). Pour l'artiste Michael Rakowitz, basé à Chicago, ces monuments « rendent hommage à Lincoln pour sa Proclamation d'émancipation, mais l'homme a également commis des atrocités contre des peuples indigènes qui appartiennent légitimement à cette terre[33] ».

Conserver et expliquer : un autre récit ?

Le nom d'Augustus Saint-Gaudens a été perdu dans la querelle autour du retrait de la statue de Lincoln, ce qui illustre bien comment, dans ces tourbillons autour des monuments, on oublie souvent le sculpteur, ce qui conduit à éliminer lentement certains artistes de l'histoire de l'art. Les reportages sur la fureur suscitée par la statue de Cecil Rhodes à Oxford, par exemple, ont parfois omis de mentionner son auteur, Henry Alfred Pegram. De même, la plupart des conservateurs seraient bien en peine de citer le nom du sculpteur de la statue d'Edward Colston à Bristol (John Cassidy), ce qui traduit une dévalorisation esthétique des œuvres, même s'il est vrai que « le statut artistique de ces monuments a été très secondaire », déclare Daniel Sherman. Pour Harriet Senie, « les monuments commémoratifs occupent une place vraiment particulière dans le paysage culturel. Ils ne sont considérés ni tout à fait comme de l'art, ni tout à fait comme de l'architecture. » Cette anomalie les rend d'autant plus difficiles à étudier et à évaluer, ce qui contribue à leur dénier une partie de leur valeur artistique.

Bien qu'indirecte, cette « censure » pourrait être corrigée par le scénario « conserver et expliquer », un mode d'interprétation qui, en théorie du moins, devrait constituer une sorte de tremplin pour parvenir à une conclusion éclairée sur le personnage. Aux yeux de la Public Statues and Sculpture Association (PSSA) – une organisation britannique de lobbying –, l'approche du gouvernement est justifiée, car le retrait des statues litigieuses créerait un vide historique et une lacune dans nos connaissances ; ce serait manipuler l'histoire, de la même manière que ces statues ont été accusées d'en donner une fausse représentation. « Les générations futures n'auraient rien à apprendre », affirment les coprésidentes de la PSSA, Joanna Barnes et Holly Trusted[34]. Pour elles, il faut traiter les monuments au cas par cas, en consultation avec les autorités locales et nationales. En adoptant une approche trop générale, du type « conserver et expliquer », on risque d'étouffer les perspectives multiples, en particulier autour de questions multivalentes comme la décolonisation. Katharina Massing, maître de conférences en développement des musées et du patrimoine, affirme que les cartels et les QR codes ne changeront pas ces indices visuels lourds de sens, car les monuments représentent en fin de compte des démonstrations de pouvoir en désignant « qui en fait partie et qui n'en fait pas partie[35] ». Selon Randy J. Sparks, « on ne peut pas édifier une boîte pleine d'explications autour du monument au général Lee à La Nouvelle-Orléans ». Certaines explications sont clairement décevantes. Le panneau de contextualisation placé sous la statue de Rhodes à Oxford indique simplement que l'impérialiste « a fait fortune grâce à l'exploitation des minéraux, des terres et des populations d'Afrique australe ». Dan Hicks, conservateur au Pitt Rivers Museum et professeur d'archéologie contemporaine à l'Université d'Oxford, estime que ce panneau, en pratique, sert simplement à attirer à nouveau notre attention sur Rhodes, et donc à le commémorer[36]. Cette vue « hideuse » rappelle que « conserver et expliquer » a toujours été, pour Historic England, l'organisme public en charge des monuments historiques en Angleterre, un principe directeur et non un absolu idéologique ; ce ne sera pas la ligne de conduite adaptée à toutes les situations, reconnaît Hicks, mais d'autres, comme David Abulafia, professeur d'histoire à l'université de Cambridge, estiment que les explications portent tellement sur les attitudes de Rhodes à l'égard de la race et de l'Empire qu'elles n'arrivent pas à donner une vision complète de sa carrière, de ses objectifs et de son époque. « Au cœur du problème, il y a cette question d'équilibre à trouver entre conserver et expliquer[37] ».

Daniel Sherman ajoute que « conserver et expliquer » passe à côté d'un aspect des choses que Mitch Landrieu a bien explicité, à savoir que les monuments ne sont pas là pour donner des leçons, mais « pour entretenir le respect que l'on voue à un personnage, instiller un sentiment d'héritage partagé ». Il importe en outre de savoir qui décide quel contexte est approprié, fait-il remarquer. Le panneau de Rhodes, par exemple, pourrait donner plus de détails sur la façon dont l'impérialisme a été le fondement de la puissance et de la richesse du Royaume-Uni. Pour Harriet Senie, si l'on doit déboulonner certaines œuvres, il faut d'abord mettre en place des programmes qui aident à bien motiver la décision. « Sinon, on ne répond pas à la question centrale, qui est de savoir pourquoi il faudrait retirer telle statue ou tel drapeau à ce moment précis », ajoute-t-elle. « Quels sont les vestiges dans le cas de Colston ? Quels sont les vestiges du racisme aujourd'hui ? » En effet, on effacerait les souvenirs d'une histoire difficile, mais ceux-ci se perpétueraient dans certains projets scientifiques et éducatifs. Si raconter le passé devient problématique, il faudra décider où faire mourir les symboles confédérés de l'esclavage et autres héritages contestés. Bruce Boucher apporte à cette question une réponse intéressante et peut-être réalisable en proposant « une solution comme celle adoptée à New Delhi. Là-bas, les statues de George V et des différents vice-rois ont été retirées du centre-ville et placées dans Coronation Park, où s'était tenu en 1911 le troisième Durbar proclamant le couronnement du roi. Dans ce quartier reculé de la ville, les statues sont marginalisées mais elles ne sont pas vandalisées[38]. » Pour certains apologistes du racisme, placer ces monuments dans des musées serait une solution médiocre, bien que, comme le souligne Hugh Tomlinson, le débat demeure à ce stade largement académique puisque seules quatre statues confédérées ont été déboulonnées entre 1923 et 2015[39]. Après l'élection de Donald Trump en 2016, le débat a pris une nouvelle tournure, dans la mesure où le sort de ces statues préoccupe des mouvements nationalistes blancs, bien décidés à préserver le symbolisme confédéré.

À la suite d'une décision inspirée, la statue de Robert E. Lee, déplacée de Charlottesville – un monument d'une demi-tonne commandé en 1917 au sculpteur américain Henry Shrady et, après sa mort, achevé par le sculpteur italien Leo Lentelli – a été fondue et transformée en une œuvre d'art publique par le Jefferson School African American Heritage Center. Il s'agissait moins d'effacer l'histoire que de faire renaître une forme sculpturale qui avait toujours suscité un certain malaise. Il est essentiel que le nouveau discours sur les monuments soit mené sous l'égide des collectivités locales, comme l'explique notamment l'artiste Michael Rakowitz : « Je veux être guidé par les communautés qui ont quelque chose à dire, même si je n'ai pas vécu ces expériences. Je méprise la commémoration de Lee [à Charlottesville], mais il est important de reconnaître que ces horreurs ont eu lieu. Je ne veux pas oublier à quel point ce pays est raciste et pathologique, mais je ne suis pas une personne dans un corps noir. La situation peut traumatiser quelqu'un d'autre d'une manière qui ne me traumatisera jamais. Mais j'ai besoin d'en entendre parler[40]. »

Parmi les évolutions notables, on observe que certaines personnes élaborent un récit tranquillement subversif sur la place accordée aux statues. Pour le sculpteur britannique Antony Gormley, il faudrait tourner la statue de Rhodes contre le mur de l'université, dans un acte qui serait la « reconnaissance d'une honte collective[41] ». Cette proposition radicale est une façon de réaligner notre relation à la statue, en plaçant Rhodes sur un piédestal mais en reconnaissant que l'origine de sa richesse – symbolisée par le programme de bourses Rhodes à l'Université d'Oxford – reste un sujet polémique. Une autre initiative intéressante – et une critique du gouvernement britannique – est celle prise par les administrateurs du Museum of the Home, dans l'est de Londres, qui ont voté fin 2021 le déplacement de la statue de Robert Geffrye (dont le musée portait jadis le nom). Le musée a expliqué qu'il pouvait, dans ce nouvel espace moins en évidence, « mieux raconter l'histoire complète des bâtiments et de la vie de Geffrye, y compris de sa participation à l'esclavagisme transatlantique[42] ». Dans un clin d'œil aux autorités, il a affirmé travailler en étroite collaboration avec les parties prenantes et dans le respect des directives publiées par le ministère britannique de la Culture, des Médias et du Sport, mais la directrice, Sonia Solicari, a rappelé que les institutions étaient mieux placées que quiconque pour prendre une décision qui relève essentiellement de leurs prérogatives. « En principe, un musée doit être libre d'agir au mieux des intérêts de ses bénéficiaires. Il est très inhabituel qu'un gouvernement adopte un point de vue aussi tranché sur une question qui devrait relever de la décision des conservateurs », a-t-elle déclaré, soulignant les lignes de faille qui sous-tendent continuellement ce clivage entre les pouvoirs publics et les institutions[43].

Concernant la saga de la statue de Geffrye, un directeur de musée, qui a préféré garder l'anonymat, raconte que l'ancien secrétaire d'État à la culture, Oliver Dowden a lancé cette idée de « conserver et expliquer[44] » à la suite de ce qui était arrivé à la statue d'Edward Colston à Bristol. « Lors d'une étrange réunion Zoom, cette forme de *cancel culture* a été évoquée, notamment en ce qui concerne le Geffrye Museum, comme il s'appelait à l'époque. » Il ajoute : « Le musée a été pointé du doigt pour sa décision de déplacer la statue de l'esclavagiste Robert Geffrye, qui se trouvait à l'entrée du musée – rebaptisé entre-temps "Museum of the Home" –, après une consultation de la communauté locale, qui, ironiquement, avait été encouragée par le gouvernement. » Le Musée explique de son côté qu'il élabore un programme de conservation pour expliquer et contextualiser la statue à son nouvel emplacement.

Plus de deux ans après l'annonce, par l'actuel gouvernement conservateur, d'une stratégie visant à « conserver et expliquer » les statues et autres monuments historiques controversés, le secteur culturel britannique s'inquiète de savoir si cette politique sera mise en œuvre et s'interroge sur sa pertinence. « Je crains que le postulat de départ de cette politique, éminemment polémique, ne soit conçu pour attiser ces guerres culturelles stupides et importées qui obsèdent complètement les conservateurs », a déclaré à *The Art Newspaper* Ed Vaizey, ancien ministre conservateur[45]. « Finalement, en octobre 2023, le gouvernement conservateur a annoncé sa stratégie "conserver et expliquer" dans un document rédigé par un comité consultatif sur le patrimoine, composé de sept membres, parmi lesquels figuraient Trevor Phillips, ancien directeur de la Commission pour l'égalité et les droits humains, l'historien Robert Tombs et Anna Keay, directrice du Landmark Trust. »

« Cette boîte à outils a pour but de permettre aux décideurs d'accéder à des conseils d'experts et à de bonnes pratiques qui les aideront à prendre des décisions judicieuses et réfléchies, en toute confiance, sur la manière de traiter un bien patrimonial qui se trouve au cœur d'une polémique », indique un communiqué du ministère de la Culture. Ces directives ne couvrent pas les biens patrimoniaux situés hors de l'Angleterre, ni les collections des musées[46].

Mais l'historien David Olusoga a déclaré à la BBC « avoir un problème » avec les nouvelles directives du gouvernement parce qu'elles « régurgitent deux contre-vérités : la première est que des statues posent aujourd'hui problème parce que les attitudes ont changé, ce qui laisse entendre que les gens, à l'époque, approuvaient ces statues et les hommes qu'elles représentent, ce qui reste à démontrer. La seconde contre-vérité est que ces statues nous racontent notre histoire. On nous dit que "la suppression de ce patrimoine limitera notre compréhension de parties difficiles de notre histoire". Peut-on nous dire quelles statues nous parlent d'une partie difficile de notre histoire[47] ? » Olusoga précise : « Je reconnais que "conserver et expliquer" est parfois une démarche parfaitement appropriée, mais mon problème concerne moins les règles pratiques que les contre-vérités historiques qui les sous-tendent[48]. »

Le gouvernement insiste sur le fait que les statues controversées doivent rester en place. Or, certaines représentent des figures historiques ou des événements que nous désapprouvons aujourd'hui, et cette désapprobation peut donner lieu à des appels à l'enlèvement ou au déplacement de la statue en question. « La politique du gouvernement est que les monuments commémoratifs doivent rester *in situ* », indique le guide. Ils ne peuvent être déplacés que « lorsque toutes les autres options ont été examinées et écartées », ce qui suppose une autorisation décernée par les autorités locales compétentes.

Pour Ed Vaizey, déjà cité, « cette stratégie est globalement sensée. Avec l'augmentation du nombre de biens litigieux, il est bon de donner des conseils ou des orientations. Mais cette idée est affaiblie par le refus général d'envisager la solution de l'enlèvement ou du déplacement, qui, pourtant peut se révéler raisonnable[49] ».

Les demandes de suppression de monuments commémoratifs doivent suivre un plan en cinq étapes. La première étape suppose de réunir des données – avec une « rigueur académique » précise le guide –, et à se poser des questions telles que « à qui appartient le bien » ou « quelles étaient les attitudes dominantes à l'époque ». Les étapes suivantes consistent à établir une description détaillée du monument, à consulter les parties prenantes et les communautés concernées et, enfin, à décider de la manière dont les conservateurs présenteront le bien en question.

Un des moyens d'expliquer une statue litigieuse pourrait être de monter « une exposition séparée, accessible au public, qui recontextualiserait le bien concerné » et de créer du matériel explicatif sous forme de panneau dans la rue, ou d'un texte accessible par QR code et donnant divers points de vue.

Lucy Frazer, ministre britannique de la Culture, déclarait dans un communiqué : « Le Royaume-Uni est fier de son histoire en tant que moteur du progrès, de la démocratie et des valeurs libérales. C'est pourquoi je souhaite que nos institutions culturelles ne se laissent pas guider par un agenda politique et qu'elles utilisent leurs atouts pour éduquer et informer plutôt que de chercher à effacer les parties de notre histoire qui nous gênent. »

Parmi les solutions imaginatives apportées au problème des statues en tant qu'objets de propagande et œuvres artistique, citons celle d'Hamza Walker, directeur de l'espace d'art contemporain à but non lucratif LAXART, à Los Angeles, qui prévoit de présenter des statues confédérées déclassées lors d'une prochaine exposition, et d'inviter des artistes contemporains à réaliser des œuvres en réponse à ces monuments historiques. « Il ne s'agit pas de leur donner une nouvelle vie ou de créer un nouveau récit, mais de les rendre comptables d'un présent encore aux prises avec l'héritage de l'esclavage et de la suprématie blanche[50] », précise-t-il.

Tout au long de ce chapitre, nous nous sommes posé la question de la nuance, de la sensibilité et du bon sens. En présentant ces monuments dans un cadre muséal, la propagande cède la place à l'art, mais le symbolisme historique inhérent aux œuvres demeure. Cette option pourrait apaiser les tensions entre factions de gauche et de droite.

En introduction à ce chapitre, Tyler Stiem expliquait pourquoi les statues historiques – qui incarnent l'injustice d'une part, la nostalgie d'autre part – étaient si controversées. Contextualiser une sculpture litigieuse semble être un moyen d'expier les péchés des personnes qui l'ont commandée et posée, mais ce n'est pas un grand réconfort pour une personne qui, quel que soit son milieu, n'y voit qu'un symbole d'oppression posé sur un socle dans un parc ou sur une place. Néanmoins, certains conservateurs ou artistes proposent des solutions brillantes à ce problème. De même, il est encourageant de noter que, dans tous les modes de censure évoqués dans ce tour d'horizon, c'est le public qui a le plus grand pouvoir d'influence. Il n'existe pas de solution unique, mais détruire les œuvres n'est pas *la* solution. Il ne s'agit pas tant de censurer l'art que de le conserver dans d'autres espaces – les musées par exemple –, capables de les recontextualiser.

Conclusion

Au moment où nous écrivons cette conclusion, le monde entier est sous tension. Tout d'abord, la guerre entre Israël et le Hamas, déclenchée par l'attaque terroriste du 7 octobre 2023, a ajouté une dimension nouvelle au débat sur la censure. La controverse a été particulièrement forte en Allemagne, où le Saarlandmuseum de Sarrebruck a annulé une exposition de l'artiste Candice Breitz, qui est juive, en raison de ses prises de position sur le conflit au Moyen-Orient. « Dans les cultures démocratiques, les présumés coupables ont l'opportunité de s'exprimer et de se défendre avant d'être condamnés et boycottés », déclare Candice Breitz dans *The Art Newspaper* ; « mais le climat actuel en Allemagne est tel que beaucoup de gens se croient autorisés à condamner violemment toute prise de parole juive qui ne fasse pas écho à leurs propres certitudes ».

L'organisation de la prochaine Documenta de Cassel en 2027 est également compromise : le comité chargé de trouver la gouvernance artistique de cette prochaine édition a démissionné en bloc, sur fond de débat houleux sur l'antisémitisme. Cette controverse a fait réagir les artistes, telle Tania Bruguera, plasticienne cubaine : « Je pense que c'est pire en Occident (qu'en Chine), car les gens vivent dans un monde fantasmé... Ils ne veulent pas l'admettre, ils justifient la censure. Ils utilisent le même mécanisme : jeter l'opprobre sur l'individu et fermer les yeux sur le système qui produit la censure. »

Ensuite, dans des pays comme Hong Kong ou Cuba, les libertés civiles semblent plus menacées que jamais, sans perspective d'amélioration. Les États-Unis accusent la Russie et la Chine de créer un nouvel ordre mondial profondément illibéral[1]. En Europe comme en Amérique du

Nord, la fracture politique s'élargit entre opinions populistes et points de vue pluralistes, tandis que les réseaux sociaux prennent en étau les artistes qui veulent exposer leurs œuvres et exprimer leurs idées sur leurs plateformes. À l'ère du COVID-19, la censure a pris en outre de nouveaux visages. Aujourd'hui, nous sommes contraints de tout voir à travers le prisme d'idéologies diamétralement opposées, que l'on peut illustrer par l'exemple d'une statue dans un espace public : « Cet homme a incarné un pan de l'histoire du pays », par opposition à « Ce marchand d'esclaves devrait être jeté dans le port ».

Notons que toutes les lectures de l'histoire imposent une lentille subjective sur le passé, mais il est intéressant de voir des artistes réfléchir à des solutions pour demain. À l'occasion de l'exposition « Testament » (21 janvier-3 avril 2022), le Goldsmiths Centre for Contemporary Art (CCA), à l'Université de Londres, avait invité 47 artistes basés au Royaume-Uni à soumettre des propositions pour créer un monument du XXIe siècle, et à expliquer comment et pourquoi les monuments d'aujourd'hui devraient être repensés, en soulignant par exemple la façon dont ces œuvres publiques « continuent de jouer un rôle essentiel en tant que lieux de mémoire ». Pour autant, l'exposition n'avait rien de morose ; elle était même réjouissante, voire festive par endroits (il était difficile de rester insensible à *A Monument to the Unstuffy and Anti-Bureaucratic*, de Monster Chetwynd, où une tête de bête géante représentait, comme l'explique l'artiste, « l'émotion dans l'art »). Sarah McCrory, directrice du CCA, explique qu'elle a reçu de nombreuses propositions, généralement « axées sur l'avenir ». Il n'était pas question de fondre d'anciennes statues, mais bien plutôt de donner une place aux différentes communautés et cultures[2].

Dans ce débat, les artistes ouvrent la voie. La lecture la plus succincte de la situation actuelle est celle qu'en donne l'artiste Michael Rakowitz, basé à Chicago : dans le débat sur les statues, estime-t-il, « tout ce qui va au-delà du statu quo est un pas en avant, car l'histoire est déjà marquée par la place qu'ont occupée ces sculptures ». Et, ajoute Andres Serrano : « Le débat sur les statues est un débat sur l'histoire. Certains mouvements ont entraîné des changements culturels, politiques et sociaux. La musique a été une force de changement, parce qu'elle est un instrument audacieux d'innovation et d'expression de la jeunesse. Autrefois, la question de savoir de quel bord on était ne se posait pas. Aujourd'hui, les choses ne sont pas claires, car tout le monde prétend être du bon côté : ceux qui se font le plus entendre sont ceux qui ont les plus gros micros. Personne ne veut entendre les autres. C'est le nouveau statu quo.»

La situation a effectivement changé, car comme le montre notre analyse, les démocraties illibérales tyrannisent par divers moyens les artistes et autres créateurs, tandis que certains gouvernements – à Cuba ou à Hong Kong par exemple – cherchent à éradiquer toute forme de dissidence par des voies non équivoques mais insidieuses. Dans un ordre mondial redéfini en réaction aux excès du néolibéralisme des quarante dernières années, les gouvernements autocratiques ont pris position ; la censure s'est renforcée selon des lignes politiques extrêmement polarisées, et certains pays, comme le Brésil ou la Turquie, fournissent des munitions aux groupes conservateurs et religieux qui mènent la guerre contre les formes d'art qu'ils jugent offensantes. Invoquer la terreur a permis aux gouvernements nationalistes d'accéder au pouvoir grâce à la « guerre mondiale contre le terrorisme », déclenchée par les attentats du 11 septembre, de multiplier les moyens de surveillance – en ligne comme dans l'espace public – et de renforcer leur rhétorique et leurs mesures antiterroristes. En conséquence, comme le montrent certains spécialistes de géopolitique, les régimes et les mouvements de droite brandissent la peur du terrorisme pour justifier des politiques autoritaires et racistes[3]. Ajoutons à cela que les réseaux sociaux censurent les artistes par des moyens plus ou moins opaques, qu'il s'agisse de supprimer des messages ou de bannir des contenus ou des utilisateurs, ce qui a pour effet de décourager les artistes. La question des statues historiques se pose plus ouvertement sur la « place publique » et en des termes plus binaires : faut-il conserver la statue litigieuse (éventuellement dans un musée) ou la « déboulonner » et la détruire ?

Ce nouveau régime de censure soulève inévitablement de nombreuses questions : celle des algorithmes des réseaux sociaux, qui font la loi et ont tôt fait de désigner des coupables ; celle aussi des musées, auxquels on reproche leur manque de courage ou leur refus de relever les défis pressants d'aujourd'hui. Dans toutes ces institutions, pourtant, des personnes responsables veillent à tenir compte des diverses sensibilités et à prendre des décisions éclairées sur la programmation et la diffusion des contenus. On peut toujours trouver des défauts à la manière dont une exposition est organisée et présentée, d'autant plus que le public d'aujourd'hui est – et l'on peut s'en réjouir – beaucoup plus attentif aux enjeux sous-jacents. Les musées se fixent naturellement pour mission d'œuvrer dans le meilleur intérêt du public et, en ce sens, les reproches d'autocensure qui leur sont adressés peuvent leur sembler injustes, mais il est vrai aussi que les pouvoirs publics ont des moyens de pression financiers sur les établissements publics qui revendiqueraient par trop leur autonomie.

Une chose est certaine : dans la diffusion de contenus artistiques, les artistes, les institutions, les réseaux sociaux et les organismes gouvernementaux doivent se demander s'ils sont du bon côté de l'histoire.

NOTES

Introduction

1 Sooke, Alastair, « Chris Ofili: Can art still shock us? », *BBC*, 25 novembre 2014, www.bbc.com/culture/article/20141125-can-art-still-shock-us.

2 National Coalition Against Censorship, 31 mars 2017, https://ncac.org/news/blog/your-primer-on-the-whitney-biennial-controversy-a-timely-and-necessary-exchange.

3 Harris, Gareth, « Understanding Robert Mapplethorpe », *Financial Times*, 25 février 2016, www.ft.com/content/79c3cd4a-cc2e-11e5-a8ef-ea66e967dd44.

4 Freemuse, *The State of Artistic Freedom 2020*, p. 30, www.fim-musicians.org/wp-content/uploads/State-of-Artistic-Freedom-2020.pdf; *The State of Artistic Freedom 2021*, p. 31, https://freemuse.org/media/ck5fvaze/the-state-of-artistic-freedom-2021.pdf

5 Harris, Gareth, « Governments are weaponising Covid-19-to-silence dissident artist voices, report says », *The Art Newspaper*, 1er mars 2021, www.theartnewspaper. com/2021/03/01/governments-are-weaponising-covid-19-to-silence-dissident-artist-voices-report-says.

6 Freemuse, *op. cit.*, 2021, p. 31.

7 Selon la plateforme de gestion des réseaux sociaux Hootsuite, on parle d'« un *shadowban*, lorsqu'un utilisateur est banni ou bloqué sur un réseau social (ou un forum), sans en être officiellement informé. » En français, on parle de bannissement ou de blocage invisible. https://blog.hootsuite.com/shadowban/

8 Échange avec l'auteur, 3 janvier 2022.

9 Échange avec l'auteur, 4 janvier 2022.

10 Échange avec l'auteur, 15 avril 2022.

Chapitre 1

1 Myers, Steven Lee, « An Alliance of Autocracies? China wants to lead a new world order », *The New York Times*, 29 mars 2021, www.nytimes.com/2021/03/29/world/asia/china-us-russia.html.

2 Tweet du @HKFP, 11 novembre 2021, mobile.twitter.com/hkfp/status/1458704147927076866.
Au moment d'écrire ces lignes, Study of Perspective, Tiananmen (1997) n'était est pas disponible en ligne.

3 Le 24 mars 2021, M+ a indiqué dans un communiqué qu'il n'avait pas l'intention d'exposer l'œuvre dans le cadre de sa présentation de la collection Sigg.

4 Sigg a confirmé que l'exposition avait été organisée avant l'entrée en vigueur de la loi sur la sécurité nationale et qu'aucune œuvre n'avait été retirée de la liste initiale. Courriel à l'auteur, 15 décembre 2021.

5 Échange avec l'auteur, 18 novembre 2021.

6 Ilaria Maria Sala, « Review: Hong Kong's highly anticipated M+ museum opens - but can it withstand political pressure? », *The Art Newspaper*, 12 novembre 2021, www.theartnewspaper.com/2021/11/12/review-hong-kong-mplus-museum-opens.

7 Cette œuvre a été retirée de l'exposition début 2022. https://news.artnet.com/art-world/political-chinese-paintings-removed-m-plus-hong-kong-2102659.

8 Échange avec l'auteur, 18 juillet 2021.

9 Note de recherche du Parlement britannique, « Hong Kong: National Security Law and recent events », 20 septembre 2021, commonslibrary.parliament.uk/research-briefings/cbp-9318/.

10 Harris, Janet et Mintcheva, Svetlana (dir.), *Curating Under Pressure, International Perspectives on Negotiating Conflict and Upholding Integrity*, eBook, Oxon, Routledge, 2021, p. 73.

11 *Ibid.* p. 91.

12 *Ibid.* p. 76.

13 Échange avec l'auteur, 23 novembre 2021.

14 Échange avec l'auteur, 27 décembre 2021.

15 Échange avec l'auteur, 2 janvier 2022.

16 Marstine & Mintcheva, *op. cit.*, p. 98.

17 Kwan, Rhoda et Ni, Vincent « Outcry as Hong Kong memorial to Tiananmen Square victims is removed », *The Guardian*, 23 décembre 2021, www.theguardian.com/world/2021/dec/22/hong-kong-memorial-to-tiananmen-victims-maybe-imminently-removed.

18 Échange avec l'auteur, 1er janvier 2022.

19 L. Ber, « Brescia, la Cina chiede di cancellare la mostra dell'artista anti regime. Il sindaco: "Il dissenso è un diritto, si farà" », *Corriere della Sera*, 21 octobre 2021, https://brescia.corriere.it/notizie/cronaca/21_ottobre_21/brescia-cina-chiede-cancellare-mostra-dell-artista-anti-regime-sindaco-il-dissenso-diritto-si-fara-17d54430-3251-11ec-ae69-6ee9c02f57eb.shtml.

20 Échange avec l'auteur, décembre 2021.

21 Échanges avec l'auteur, décembre 2021.

22 Amnesty International, « Cuba: New administration's Decree 349 is a dystopian prospect for Cuba's artists », 24 août 2018, www.amnesty.org/en/latest/news/2018/08/cuba-new-administrations-decree-349-is-a-dystopian-prospect-for-cubas-artists/.

23 *Ibid.*

24 Échange avec l'auteur, novembre 2021.

25 Iervolino, Serena, « Curating contemporary global art in Doha, Qatar: Anticipated "conversations", undesirable controversies and state self-censorship », *in* Marstine & Mintcheva (dir.), *op. cit.*

26 *Ibid.* p. 186.

27 Échange avec l'auteur, 14 décembre 2021.

28 Amnesty International, « Ten ways that Saudi Arabia violates human rights », 18 mai 2020, www.amnesty.org.uk/saudi-arabia-human-rights-raif-badawi-king-salman

29 Noce, Vincent, « A global destination for heritage, culture and nature: Saudi Arabia unveils $15bn masterplan », *The Art Newspaper*, 30 avril 2021, www.theartnewspaper.com/2021/04/30/a-global-destination-for-heritage-culture-and-nature-saudi-arabia-unveils-dollar15bn-alula-masterplan.

30 Somers Cocks, Anna, « Do not penalise Saudi Arabian artists for the murder of Jamal Khashoggi », *The Art Newspaper*, 30 octobre 2018, www.theartnewspaper.com/2018/10/30/do-not-penalise-saudi-arabian-artists-for-the-murder-of-jamal-khashoggi.

31 Gronlund, Melissa, « Saudi Arabia's cultural scene is in a moment of decisive shift », *The Art Newspaper*, 14 décembre 2021, www.theartnewspaper.com/2021/12/14/escape-from-the-dark-ages-saudi-arabia-launches-its-first-biennial.

Chapitre 2

1 Sajó, András, « Placing Illiberal Democracy: Caesarism, Totalitarian Democracy, and Unfinished Constitutionalism », dans *Ruling by Cheating: Governance in Illiberal Democracy*, Cambridge Studies in Constitutional Law, Cambridge, 2021, p. 18-55.

2 Zakaria, Fareed, « The rise of illiberal democracy », *Foreign Affairs*, vol. 76, nº 6, Council on Foreign Relations, New York, 1997.

3 Auteur anonyme, « Brazilian museum closes queer show after protests », *ArtReview*, 11 septembre 2017, https://artreview.com/news-11-september-17-brazilian-museum-closes-queer-art-show-after-protests/.

4 Santander n'a pas souhaité faire d'autres commentaires.

5 Échange avec l'auteur, avril 2021.

6 Échanges avec l'auteur, mai 2021, 3 mars 2022 et 20 septembre 2023.

7 Échange avec l'auteur, 2 janvier 2022.

8 Angeleti, Gabriella, « Brazilian arts group calls out censorship by "arrogant fundamentalists" in open letter », *The Art Newspaper*, 23 octobre 2017, www.theartnewspaper.com/news/brazilian-arts-group-calls-out-censorship-by-arrogant-fundamentalists-in-open-letter.

9 Darlington, Shasta, « Brazilian art show sets off dispute that mirrors political battles », *The New York Times*,

13 septembre 2017, www.nytimes.com/2017/09/13/world/americas/brazil-art-show-gender-controversy.html.

10 Échange avec l'auteur, 16 août 2021.

11 Brenner, Fernanda, « Censorship in Brazil: Five responses », *Frieze*, 20 novembre 2017, www.frieze.com/article/censorship-brazil-five-responses.

12 Tiburi, Marcia, « In censoring a "Queer Museum", Brazil edges closer to authoritarianism », *The Conversation*, 22 septembre 2017, https://theconversation.com/in-censoring-a-queer-museum-brazil-edges-closer-to-authoritarianism-84199.

13 Freemuse, *op. cit.*, 2020, p. 6.

14 Freemuse, *op. cit.*, 2021, p. 16.

15 Freemuse, *Painting the Rainbow: How LGBTI Freedom of Artistic Expression is Denied*, 2020, p. 106, https://freemuse.org/media/ub5lbjy5/painting-the-rainbow-digital-5.pdf.

16 Échanges avec l'auteur, 26 août 2021 et 19 septembre 2023.

17 Angeleti, Gabriella, « Bienal de Säo Paulo opens as Brazilian cultural scene gets Lula rejuvenation », *The Art Newspaper*, 31 août 2023, www.theartnewspaper.com/2023/08/31/bienal-de-sao-paulo-opens-as-brazilian-cultural-scene-gets-lula-rejuvenation

18 Échange avec l'auteur, 26 octobre 2023.

19 Interface between International Human Rights and International Humanitarian Law in Counter-Terrorism Regulation, soumis par Maat, juillet 2020, page non spécifiée.

20 Marshall, Alex, « Turkey's Art Scene Makes a Comeback, Under Erdogan's Shadow », *The New York Times*, 19 septembre 2019, www.nytimes.com/2019/09/19/arts/turkey-art-istanbul-biennial.html.

21 Échange avec l'auteur, mai 2021.

22 La loi antiterroriste turque de 1991 donne une « définition affligeante et très large du terrorisme ». James Tager & Dokhi Fassihian, « Cracking Down on Creative Voices: Turkey's Silencing of Writers, Intellectuals, and Artists Five Years After the Failed Coup », Pen America, New York, juin 2021, https://pen.org/wp-content/uploads/2021/06/cracking-down-creative-voices-turkey-FINAL.pdf.

23 *Ibid.* p. 13.

24 Auteur anonyme, Manifeste, Susma Platformu, susma24.com/en/index.php/about-us/.

25 *Ibid.*

26 Sachs, Susan, « Turkey Approves Revision of Penal Code », *The New York Times*, 26 septembre 2004, www.nytimes.com/2004/09/26/international/europe/turkey-approves-revision-of-penal-code.html.

27 Tager & Fassihian, « Cracking Down on Creative Voices », p. 9, https://pen.org/wp-content/uploads/2021/06/cracking-down-creative-voices-turkey-FINAL.pdf. Malgré la constitution laïque de la Turquie, l'article 216 de son Code pénal interdit l'insulte aux croyances religieuses. Sa section 2 précise que « toute personne qui dégrade publiquement une frange de la population pour des raisons de classe sociale, de race, de religion, de secte… est condamnée à une peine d'emprisonnement de six mois à un an », www.legislationline.org/download/id/6453/file/Turkey_CC_2004_am2016_en.pdf.

28 Auteur anonyme, « Turkey LGBT: Four students arrested over artwork », *BBC*, 30 janvier 2021, www.bbc.co.uk/news/world-europe-55872759.

29 Busch, Clare, « Erdogan's weaponisation of religion is losing its edge », *World Politics Review*, 27 avril 2021, https://worldpoliticsreview.com/articles/29604/amid-turkish-protests-erdogan-s-religious-rhetoric-loses-its-luster.

30 https://twitter.com/jbrudzinski/status/1125351071692533760?s=20

31 Auteur anonyme, « Poland: Arrest over Virgin Mary's Rainbow Halo », *Human Rights Watch*, 8 mai 2019, www.hrw.org/news/2019/05/08/poland-arrest-over-virgin-marys-rainbow-halo.

32 Échange avec l'auteur, 9 août 2021.

33 Auteur anonyme, « Poland: Arrest over Virgin Mary's Rainbow Halo », *Human Rights Watch*, 8 mai 2019, www.hrw.org/news/2019/05/08/poland-arrest-over-virgin-marys-rainbow-halo.

34 Auteur anonyme, « LGBT activist Elzbieta Podlesna speaks about her acquittal », *DW*, 2 mars 2021, www.dw.com/en/

lgbt-activist-elzbieta-podlesna-speaks-about-her-acquital/av-56751433.

35 Échange avec l'auteur, 23 août 2021.

36 Échange avec l'auteur, 17 novembre 2021.

37 Dellanna, Alessio et Holroyd, Matthew, « LGBT campaigners denounce President Duda's comments on "communism" », *Euronews*, 15 juin 2020, www. euronews.com/2020/06/15/polish-president-says-lgbt-ideology-is-worse-than-communism.

Chapitre 3

1 Échange avec l'auteur, février 2021.

2 Breitenbach, Dagmar, « Facebook apologizes for censoring prehistoric figurine Venus of Willendorf », *DW*, 1er mars 2018, www.dw.com/en/facebook-apologizes-for-censoring-prehistoric-figurine-venus-of-willendorf/a-42780200.

3 Échange avec l'auteur, octobre 2021.

4 Échange avec l'auteur, avril 2021.

5 Échange avec l'auteur, octobre 2021.

6 Échange avec l'auteur, 24 octobre 2021.

7 www.tiktok.com/community-guidelines ?lang=en, consulté en décembre 2021 (dernière mise à jour en février 2022).

8 Auteur anonyme, « TikTok updates community guidelines amid criticism », *BBC*, 8 janvier 2020, www.bbc.co.uk/news/technology-51032661.

9 Shapiro, Emma, « Facebook's censoring of women's bodies is Nipocrisy », Hyperallergic, 30 août 2021, https://hyperallergic.com/673311/facebook-censoring-of-womens-bodies-is-nipocrisy/.

10 transparency.fb.com/en-gb/policies/community-standards/adult-nudity-sexual-activity/.

11 about.instagram.com/blog/announcements/introducing-sensitive-content-control.

12 ncac.org/news/almodovar-movie-poster-instagram.

13 Échange avec l'auteur, février 2021.

14 Mosseri, Adam, « À propos d'Instagram: Shedding More Light on How Instagram Works », 8 juin 2021, about.instagram.com/blog/announcements/shedding-more-light-on-how-instagram-works.

15 Échange avec l'auteur, janvier 2022.

16 Échange avec l'auteur, 18 octobre 2021.

17 Échange avec l'auteur, 14 octobre 2021.

18 Harris, Gareth, « Instagram backtracks on decision to ban Pedro Almodóvar lactating nipple film poster », *The Art Newspaper*, 13 août 2021, www.theartnewspaper.com/2021/08/13/instagram-backtracks-on-decision-to-ban-pedro-almodovar-lactating-nipple-film-poster.

19 ncac.org/news/dont-delete-art-censorship-resource.

20 www.oversightboard.com/decision/FB-L1LANIA7/.

21 Schneider, Tim, « The Gray Market: Why Art Censorship Is Built Into Facebook's DNA (and Other Insights) », *Artnet News*, 5 mars 2018, https://news.artnet.com/market/gray-market-facebook-art-censorship-1235822. La Chine a interdit Facebook après les émeutes d'Urumqi en juillet 2009 pour tenter de contenir les informations sur les troubles.

22 Échange avec l'auteur, 9 décembre 2021.

23 Dawson, Aimee, « Secret censorship: What is behind Instagram's "shadowban" and how can artists fix it ? », *The Art Newspaper*, 16 septembre 2020, www.theartnewspaper.com/2020/09/16/secret-censorship-what-is-behind-instagrams-shadowban-and-how-can-artists-fix-it.

24 Joseph, Chanté, « Instagram's murky "shadow bans" just serve to censor marginalized communities », *The Guardian*, 8 novembre 2019, www.theguardian.com/commentisfree/2019/nov/08/instagram-shadow-bans-marginalised-communities-queer-plus-sized-bodies-sexually-suggestive.

25 Centre d'aide d'Instagram, « Why certain posts on Instagram are not appearing in Explore and hashtag pages », help.instagram.com/613868662393739.

26 Mosseri, « About Instagram », about.instagram.com/blog/announcements/shedding-more-light-on-how-instagram-works, note de bas de page 13.

27 Dawson, « Secret censorship », www.theartnewspaper.com/2020/09/16/secret-censorship-what-is-behind-instagrams-shadowban-and-how-can-artists-fix-it.

28 Échanges avec l'auteur, 1er novembre 2021 et 25 septembre 2023.

29 Échange avec l'auteur, 5 janvier 2022.

30 Shapiro, Emma, « Invisible by Numbers: artists must remain vigilant to escape censorship loop created by social media shadowbans », *The Art Newspaper*, 12 septembre 2023, www.theartnewspaper.com/2023/09/12/nvisible-by-numbers-artists-must-remain-vigilant-to-escape-censorship-loop-created-by-social-media-shadowbans.

31 Shapiro, Emma, « How a Bill To Protect Children Online Threatens Artists », *Hyperallergic*, 12 juillet 2023, https://hyperallergic.com/833262/how-a-bill-to-protect-children-online-threatens-artists/.

32 Nathan, Debbie, « AI Art Site Censor Prompts About Abortion », *The Intercept*, 22 avril 2023, https://theintercept.com/2023/04/22/ai-art-abortion-censorship/.

33 www.technologyreview.com/2023/02/24/1069093/ai-image-generator-midjourney-blocks-porn-by-banning-words-about-the-human-reproductive-system/#:~:text=If%20someone%20types%20%E2%80%9Cplacenta%-2C%E2%80%9D,t%20let%20it%20be%20used.

34 https://help.openai.com/en/articles/6338764-are-there-any-restrictions-to-how-i-can-use-dall-e-2-is-there-a-content-policy.

Chapitre 4

1 Thomas, Nicholas, « What are museums really for ? », *Apollo Magazine*, 23 septembre 2019, www.apollo-magazine.com/defining-museums-in-the-21st-century.

2 « Philip Guston Now: Statement from the Directors », 21 septembre 2020, www.nga.gov/press/exh/5235.html. L'exposition devait être inaugurée au Museum of Fine Arts, Boston, en mai 2022, avant d'être présentée dans d'autres lieux.

3 Chan, Dawn, Foreman, Kamilah, Hall, Emily, Roberts, Rebecca et C. Stoll, Diana (dir.), *MoMA Highlights: 375 works from The Museum of Modern Art New York*, The Museum of Modern Art, New York, 2019, p. 265.

4 Godfrey, Mark, « Jewish Image-Maker », *in Philip Guston Now*, National Gallery of Art, Washington DC, 2020, p 194.

5 Échange avec l'auteur, 2 novembre 2021.

6 Échange avec l'auteur, août 2021.

7 Échange avec l'auteur, 27 octobre 2021.

8 Échange avec l'auteur, octobre 2021.

9 Dans l'exposition nouvellement reconfigurée à Boston, une brochure de « préparation émotionnelle », rédigée par un spécialiste des traumatismes, encourage les visiteurs à « identifier leurs limites et à prendre soin d'eux », tandis qu'une déviation permet de contourner les œuvres sur le thème du Ku Klux Klan. Mais le critique Sebastian Smee déclare, dans le *Washington Post*: « Elle [la présentation de Boston] aurait dû afficher un avertissement indiquant que certains spectateurs pourraient trouver les images choquantes ou dérangeantes, et fournir un contexte utile et plus ou moins s'en tenir là. »

10 Marcus, J.S., « Controversially postponed Philip Guston show finally gets going. How has it changed ? », *The Art Newspaper*, 26 avril 2022, www.theartnewspaper.com/2022/04/26/controversially-postponed-philip-guston-shows-finally-get-going.

11 Cité dans Ben Luke, « Philip Guston's KKK paintings "are not asleep–they're woke": catalogue contradicts museum statement controversially halting show », *The Art Newspaper*, 28 septembre 2020, www.theartnewspaper.com/2020/09/28/philip-gustons-kkk-paintings-are-not-asleeptheyre-woke-catalogue-contradicts-museum-statement-controversially-halting-show.

12 Échange avec l'auteur, 10 mars 2022.

13 Wolfe-Robinson, Maya, « Whitworth gallery director Alistair Hudson forced out over Palestinian statement », *The Guardian*, 22 février 2022, www.theguardian.com/artanddesign/2022/feb/22/whitworth-gallery-director-alistair-hudson-forced-out-over-palestinian-statement

14 Échange avec l'auteur, 7 mars 2022.

15 Harris, Gareth, « Oscar Murillo among slew of artists to pull out of Manchester show in protest at treatment of reportedly ousted director », *The Art Newspaper*, 25 février 2022,

www.theartnewspaper.com/2022/02/25/oscar-murillo-among-slew-of-artists-to-pull-out-of-manchester-show

16 www.internationaleonline.org/opinions/1080_statement_on_the_dismissal_of_alistair_hudson/.

17 Échange avec l'auteur, 23 février 2022.

18 Kenney, Nancy, « After controversial cancellation in Cleveland, Mass MoCA will exhibit Shaun Leonardo's images of Black victims », *The Art Newspaper*, 24 août 2020, www.theartnewspaper.com/2020/08/24/after-controversial-cancellation-in-cleveland-mass-moca-will-exhibit-shaun-leonardos-images-of-black-victims.

19 www.mocacleveland.org/statement-breath-empty-space (cette mention a été supprimée depuis).

20 Boucher, Brian, « A Museum Canceled a Show About Police Brutality. Here's the Art », *The New York Times*, 9 juin 2020, mis à jour le 1er novembre 2021, www.nytimes.com/2020/06/09/arts/design/moca-cleveland-shaun-leonardo.html.

21 www.mocacleveland.org/apology-shaun-leonardo (cette mention a été supprimée depuis).

22 Boucher, Brian, « MoCA Cleveland director resigns after cancelling show on police brutality », *The New York Times*, 19 juin 2020, mis à jour le 15 juillet 2020, www.nytimes.com/2020/06/19/arts/design/moca-cleveland-director-resigns-.html.

23 « Artnet Talks: A Conversation with Shaun Leonardo, Dread Scott and Clifford Owens on Art as an Act of Resistance », 19 juin 2020, https://news.artnet.com/art-world/artnet-talks-shaun-leonardo-dread-scott-clifford-owens-1887780.

24 Weber, Jasmine, « Samaria Rice, Mother of Tamir Rice, Speaks Out About Art Depicting Her Son After Canceled Exhibition in Cleveland », *Hyperallergic*, 8 juillet 2020, https://hyperallergic.com/573053/moca-cleveland-the-breath-of-empty-space/.

25 Échange avec l'auteur, 28 décembre 2021.

26 Cité dans Weber, « Samaria Rice, Mother of Tamir Rice, Speaks Out », https://hyperallergic.com/573053/moca-cleveland-the-breath-of-empty-space/.

27 Déclaration publiée sur Instagram le 25 septembre 2020.

28 Aaronovitch, David, « The Tate is guilty of cowardly self-censorship », *The Times*, 30 septembre 2020, www.thetimes.co.uk/article/the-tate-is-guilty-of-cowardly-self-censorship-tfpnd0f79.

29 Harris, Gareth, « Directors of Tate and the National Gallery of Art defend controversial decision to delay Philip Guston show », *The Art Newspaper*, 4 octobre 2020, www.theartnewspaper.com/2020/10/04/directors-of-tate-and-the-national-gallery-of-art-defend-controversial-decision-to-delay-philip-guston-show.

30 De la maternelle (enfants de 5 et 6 ans) à la terminale (18 ans).

31 Schwartz, Sarah, « Map: Where Critical Race Theory is Under Attack », *Education Week*, mis à jour le 13 juin 2023, www.edweek.org/policy-politics/map-where-critical-race-theory-is-under-attack/2021/06.

32 Matsuda, Mari, citée dans « Critical Race Theory: A Brief History », *The New York Times*, 8 novembre 2021, www.nytimes.com/article/what-is-critical-race-theory.html.

33 Initiative du *New York Times* visant à évaluer les conséquences de l'esclavage aux États-Unis par des textes, des poèmes, des fictions, des photos…

34 https://pen.org/report/book-bans-pressure-to-censor/

35 Harris, Gareth, « UK culture war: Museum trustees are paying the price for disagreeing with government's policies », The Art Newspaper, 7 juin 2021, https://www.theartnewspaper.com/2021/06/07/uk-culture-war-museum-trustees-are-paying-the-price-for-disagreeing-with-governments-policies.

36 Échange avec l'auteur, 17 avril 2022.

37 Échange avec l'auteur, 7 décembre 2021.

38 Ligon, Glenn, « Artists Imagine That Museums Are Brave – They're Not », Glenn Ligon on His New Show, Philip Guston, and How Institutions Can Do Better », *Artnet News*, 18 novembre 2021, https://news.artnet.com/art-world/glenn-ligon-interview-2036127.

39 Échange avec l'auteur, janvier 2022.

40 Échange avec l'auteur, 5 janvier 2022.

Chapitre 5

1 Jane Dailey, professeure associée d'histoire à l'université de Chicago, citée par Miles Parks, « Confederate Statues Were Built to Further a « White Supremacist Future » », *NPR*, 20 août 2017, www.npr.org/2017/08/20/544266880/confederate-statues-were-built-to-further-a-white-supremacist-future.

2 Stiem, Tyler, « Statue wars: What should we do with troublesome monuments ? », *The Guardian*, 26 septembre 2018, www.theguardian.com/cities/2018/sep/26/statue-wars-what-should-we-do-with-troublesome-monuments.

3 Jenrick, Robert, « We will save Britain's statues from the woke militants who want to censor our past », *The Telegraph*, 16 janvier 2021, www.telegraph.co.uk/news/2021/01/16/will-save-britains-statues-woke-militants-want-censor-past/.

4 Johnson, Boris, cité dans Walker, Peter, Topping, Alexandra et Morris, Stephen, « Boris Johnson says removing statues is "to lie about our history" », *The Guardian*, 12 juin 2020, www.theguardian.com/politics/2020/jun/12/boris-johnson-says-removing-statues-is-to-lie-about-our-history-george-floyd

5 Marvin Rees, maire de Bristol, cité dans « Edward Colston: Bristol slave trader statue "was an affront" », *BBC*, 8 juin 2020, www.bbc.co.uk/news/uk-england-bristol-52962356.

6 Cammiss, Steven, Doherty, Brian et Hayes, Graeme, « We attended the trial of the Colston four: Here's why their acquittal should be celebrated », *The Conversation*, 7 janvier 2022, https://theconversation.com/we-attended-the-trial-of-the-colston-four-heres-why-their-acquittal-should-be-celebrated-174481.

7 Échange avec l'auteur, 16 janvier 2022.

8 Échange avec l'auteur, 5 décembre 2021.

9 Harris, Gareth, « Keep problematic monuments and "explain them", UK government to tell cultural leaders », *The Art Newspaper*, 15 février 2021, www. theartnewspaper.com/2021/02/15/keep-problematic-monuments-and-explain-them-uk-government-to-tell-cultural-leaders.

10 Associated Press, « Judge blocks attempt to remove Charlottesville Confederate statues », *The Guardian*, 14 septembre 2019, www.theguardian.com/us-news/2019/sep/14/judge-blocks-charlottesville-confederate-statues.

11 Kenney, Nancy, « Virginia Judge rules that two Confederate statues in Charlottesville are war memorials », *The Art Newspaper*, 1er mai 2019, www. theartnewspaper.com/2019/05/01/virginia-judge-rules-that-two-confederate-statues-in-charlottesville-are-war-memorials.

12 Harris, Gareth, « Value for money ? UK's Brexit festival organisers justify £120m cost of public funds with audience of 18 million », *The Art Newspaper*, 22 novembre 2022, www.theartnewspaper.com/2022/11/22/value-for-money-uks-brexit-festival-organisers-justify-120m-cost-of-public-funds-with-audience-of-18-million

13 Higgins, Charlotte, « Cronies on boards, BBC vandalism and relentless culture wars. What Boris Johnson did for the arts », *The Guardian*, 7 juillet 2022, www.theguardian.com/culture/2022/jul/07/boris-johnsons-arts-bbc-vandalism-cronies-culture-wars. Ce principe garantit aux musées et à une institution comme l'Arts Council England de fonctionner en toute indépendance, sans ingérence du gouvernement.

14 Savage, Michael, « UK government's heritage culture war is stifling museums, say trustees », *The Guardian*, 9 mai 2021, www.theguardian.com/culture/2021/may/09/uk-governments-heritage-culture-war-is-stifling-museums-say-trustees.

15 Échange avec l'auteur, 19 et 26 septembre 2023. Le Riot Act autorise les pouvoirs locaux à interdire tout rassemblement de plus de douze personnes.

16 Harris, Gareth, « Bank of England removes ten slave trader works », *The Art Newspaper*, 6 septembre 2021, www.theartnewspaper.com/2021/09/06/bank-of-england-removes-ten-slave-trader-works.

17 Grosvenor, Bendor, « Is the UK seeing the emergence of a Godfather-approach to arts-funding », *The Art Newspaper*, 9 novembre 2020, www.theartnewspaper.com/2020/11/09/is-the-uk-seeing-the-emergence-of-a-godfather-approach-to-arts-funding.

18 National Trust, Historic England, National Lottery Heritage Fund et Arts Council England.

19 Harris, Gareth, « Keep your distance, former culture ministers warn UK government », *The Art Newspaper*, 1er mars 2021, www.theartnewspaper.com/2021/03/01/keep-your-distance-former-culture-ministers-warn-uk-government.

20 Chris Smith, à propos du podcast *Controlling Culture*, « Hope & Dread, Tectonic Shifts in Power in Art », décembre 2021.

21 Échange avec l'auteur, 4 janvier 2022.

22 Échange avec l'auteur, 5 décembre 2021. Le Southern Poverty Law Center (SPLC), est une organisation de défense juridique à but non lucratif.

23 Échange avec l'auteur, 5 décembre 2021.

24 Échange avec l'auteur, 20 décembre 2021.

25 Landrieu, Mitch, « Mitch Landrieu's speech on the removal of Confederate monuments in New Orleans », *The New York Times*, 23 mai 2017, www. nytimes.com/2017/05/23/opinion/mitch-landrieus-speech-transcript.html.

26 Échange avec l'auteur, 16 novembre 2021.

27 Échange avec l'auteur, décembre 2021.

28 Échange avec l'auteur, décembre 2021.

29 Échanges avec l'auteur, 5 et 20 décembre 2021.

30 C. Mays, Jeffery et Small, Zachary, « Jefferson Statue Will Be Removed from NYC Council Chambers », *The New York Times*, 18 octobre 2021, www.nytimes.com/2021/10/18/nyregion/thomas-jefferson-statue-ny-city-council.html

31 *Ibid.*

32 Échanges avec l'auteur, novembre et décembre 2021.

33 Échange avec l'auteur, décembre 2021.

34 Massing, Katharina, « Statues: The UK's plan to "retain and explain" problem monuments is a backward step », *The Conversation*, 9 mars 2021, https://theconversation.com/statues-the-uks-plan-to-retain-and-explain-problem-monuments-is-a-backwards-step-156430.

35 Échange avec l'auteur, 5 décembre 2021.

36 Échange avec l'auteur, 21 décembre 2021.

37 Échange avec l'auteur, décembre 2021.

38 Tomlinson, Hugh, « US General Lee to be melted down in the name of art », *The Times*, 18 décembre 2021, www.thetimes.co.uk/article/us-general-lee-to-be-melted-down-in-name-of-art-26wv7d9sf.

39 Échange avec l'auteur, décembre 2021.

40 Barker, Alex, « Turn Rhodes statue to face wall in shame, says Antony Gormley », *Financial Times*, 28 mai 2021, www.ft.com/content/e71b9e45-47e3-40d0-8709-57db0d05532e.

41 Harris, Gareth, « London museum wants to move controversial statue to "less prominent space" », *The Art Newspaper*, 17 novembre 2021, www.theartnewspaper.com/2021/11/17/museum-of-the-home-to-move-controversial-slaver-statue.

42 Sheridan, Ed, « Museum of the Home felt "extremely compromised" by Whitehall pressure to keep slaver statue, director tells MPs », *Hackney Citizen*, 7 octobre 2020, www.hackneycitizen.co.uk/2020/10/07/museum-home-compromised-whitehall-pressure-slaver-statue/.

43 Harris, Gareth, « "Retain and explain": still no sign of guidelines on contentious UK heritage », *The Art Newspaper*, 14 septembre 2023, www.theartnewspaper.com/2023/09/14/where-has-retain-and-explain-gone

44 L'expression « conserver et expliquer » a été lancée pour la première fois en janvier 2021 par Robert Jenrick, alors secrétaire d'État aux communautés, au moment où le gouvernement proposait de « nouvelles lois pour protéger le patrimoine culturel et historique de l'Angleterre ». Cette initiative faisait suite au retrait de la statue du marchand d'esclaves Edward Colston à Bristol.

45 www.gov.uk/government/news/retain-and-explain-guidance-published-to-protect-historic-statues

46 Courriel à l'auteur, 6 octobre 2023.

47 Dans l'émission *Today* sur Radio 4.

48 Échange avec l'auteur, 6 octobre 2023.

49 Échange avec l'auteur, 20 décembre 2021.

50 Échange avec l'auteur, 20 décembre 2021.

Conclusion

1 Brunnstrom, David et Martina, Michael, « US says China and Russia seek profoundly illiberal world order », *Reuters*, 23 février 2022, www. reuters.com/world/us-says-china-russia-seek-profoundly-illiberal-world-order-2022-02-23/.

2 Échange avec l'auteur, 11 mars 2022.

3 Collins, John et Sen, Somdeep, « 20 years later, America's "war on terror" language has gone global », *The Washington Post*, 10 septembre 2021, www. washingtonpost.com/politics/2021/09/10/20-years-later-americas-war-terror-language-has-gone-global/.

POUR EN SAVOIR PLUS

Calirman, Claudia, *Brazilian Art Under Dictatorship,* Duke University Press, Durham, NC, 2012.

Chan, Dawn, Foreman, Kamilah, Hall, Emily, Roberts, Rebecca et C. Stoll, Diana, (eds), *MoMA Highlights : 375 Works from The Museum of Modern Art New York,* The Museum of Modern Art, New York, 2019.

Coskuntuncel, Aras, « Privatization of Governance, Delegated Censorship, and Hegemony in the Digital Era, The Case of Turkey », *Journalism Studies*, vol. 19, 2018.

Coulter, Riann et Róisín, Kennedy (dir.), *Censoring Art : Silencing the Artwork,* Bloomsbury, Londres, 2019.

Fusco, Coco, *Dangerous Moves, Performance and Politics in Cuba,* Tate Publishing, Londres, 2015.

Freedberg, David, « The Fear of Art : How Censorship Becomes Iconoclasm", *Social Research : An International Quarterly*, vol. 83, n° 1, printemps 2016.

Gray, Clive et McCall, Vikki, *The Role of Today's Museum,* Routledge, Oxon, 2020.

Green, Jonathon et Karolides, Nicholas J., *Encyclopedia of Censorship,* Facts on File Inc, New York, 2005.

Iervolino, Serena, « Implicit and Explicit Cultural Policies in Qatar : Contemporary Art Production & Censorship » (blog), London School of Economics, 22 mai 2020.

Janes, Robert et Sandell, Richard (dir.), *Museum Activism,* Routledge, Oxon, 2019.

Jiang, Yue et Kuang, Xianwen, « Selective Censorship on Rightists and Leftists ? An Observation and Analysis of Censored Social Media Posts in China, Problems of Post-Communism », *Problems of Post-Communism,* Taylor and Francis (en ligne), septembre 2021.

Jovanovic, Spoma (dir.), *Expression in Contested Public Spaces : Free Speech and Civic Engagement,* Lexington Books, Lanham, Maryland, 2021.

Kovalik, Dan, *Cancel This Book : The Progressive Case Against Cancel Culture,* Simon & Schuster, Londres, 2021.

Marstine, Janet et Mintcheva, Svetlana, (dir.), *International Perspectives on Negotiating Conflict and Upholding Integrity,* Routledge, Oxon, 2020.

Pan, Jennifer, « How the Market for Social Media Shapes Strategies of Internet Censorship », *in* Michael X. Delli Carpini (dir.), *Digital Media and Democratic Futures*, University of Pennsylvania Press, 2019.

Poell, Thomas, *Social Media Activism and State Censorship,* Routledge, Oxon, 2014.

Savage, Kirk, *Monument Wars, Washington D.C, the National Mall, and the Transformation of the Memorial Landscape,* University of California Press, Oakland, 2011.

Senie, Harriet, Rooney, Sierra et Wingate, Jennifer, *Teachable Monuments, Using Public Art to Spark Dialogue and Confront Controversy,* Bloomsbury, Londres, 2021.

Tiburi, Marcia, *The Psycho-Cultural Underpinnings of Everyday Fascism, Dialogue as Resistance,* Bloomsbury Publishing, Londres, 2021.

The New York Times, *Censorship : The Motives for Suppression, In the Headlines,* New York Times Educational Publishing, New York, 2019.

Weiwei, Ai, *1 000 ans de joies et de peines*, Buchet Chastel, Paris, 2022.

Podcasts

Index on Censorship, What the Fuck ! ?, Hong Kong Free Press, Tom Grundy, décembre, 2020.

Index on Censorship, What the Fuck ? Jeff Wasserstrom on Chinese Censorship, mars, 2021.

The Artsy Podcast, Art and Censorship in the Age of Social Media, juillet 2017.

Dash Arts, Breaking Silence, Censorship and Self-Censorship, mai 2021.

Hope & Dread, Tectonic Shifts in Power in Art, Controlling Culture, décembre, 2021.

Hope & Dread, Tectonic Shifts in Power in Art, American History, Axed, décembre, 2021.

www.beauxarts.com
ISBN : 979-1-02040-880-8
Achevé d'imprimer en mars 2024 en Slovénie,
sur les presses de DZS